U0590570

中小学课本里的名人传记

祖冲之

梁艳芳　编著

国际文化出版公司

·北京·

图书在版编目（CIP）数据

祖冲之 / 梁艳芳编著. -- 北京 : 国际文化出版公司, 2019.1

ISBN 978-7-5125-1085-2

Ⅰ.①祖… Ⅱ.①梁… Ⅲ.①祖冲之（429–500）—传记 Ⅳ.①K826.11

中国版本图书馆CIP数据核字(2018)第287707号

祖冲之

编　　著	梁艳芳	
责任编辑	宋亚晅	
统筹监制	杨　智	
策划编辑	孙金山	
美术编辑	丁鋬煜	
出版发行	国际文化出版公司	
经　　销	国文润华文化传媒（北京）有限责任公司	
印　　刷	三河市华晨印务有限公司	
开　　本	880毫米×1230毫米	32开
	5印张	100千字
版　　次	2019年1月第1版	
印　　次	2019年1月第1次印刷	
书　　号	ISBN 978-7-5125-1085-2	
定　　价	15.00元	

国际文化出版公司
地　　址：北京朝阳区东土城路乙9号　　邮　　编：100013
总编室：(010) 64271551　　传　真：(010) 64271578
销售热线：(010) 64271187　　传　真：(010) 64271187–800
E-mail：icpc@95777.sina.net
网　　址：http://www.sinoread.com

"中小学课本里的名人传记"丛书前言

我们的中小学课本中，涉及很多古今中外的、各个领域的历史名人，他们在思想、政治、军事、文学、艺术、科技等方面，以超人的智慧、卓越的才能，极大地推动了人类文明的发展，为我们留下了许多宝贵的精神财富、物质财富。探索伟人的成长历程，我们就会发现：虽然他们的生活年代、成长过程各不相同，但是他们一生中所表现出的积极进取、顽强拼搏等优秀品质是大致相通的。他们是人类的骄傲，是青少年的榜样。

为此，我们推出了这套"中小学课本里的名人传记"丛书，精选了一些有代表性的历史名人，例如中国的孔子、屈原、李冰、秦始皇、汉武帝、司马迁、蔡伦、王羲之、祖冲之、唐太宗、李白、欧阳修、苏轼、岳飞、王阳明、徐霞客、曹雪芹、詹天佑、孙中山、梁启超、鲁迅、毛泽东、周恩来、邓小平、钱学森等，以及外国的达·芬奇、莎士比亚、牛顿、达尔文、马克思、门捷列夫、顾拜旦……以他们的成长历程、人生发展为线索，采用富有启发性的小故事来表现他们，而不是进行冗长的说教性论述，以便使广大青少年读者产生阅读兴趣、共鸣，进而得到启发。

1

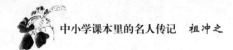
同时需要说明的是：本套丛书不是学术性著作，所以不做学术性研究、论证；对于如曹雪芹等生平资料较少的人物，为了使作品有血有肉、人物形象丰满，其故事叙述具有一定的合理虚构。

榜样的力量是无穷的，我们相信：青少年通过阅读这套"中小学课本里的名人传记"丛书，不仅能加深对课文的理解、增加知识，而且能开阔自己的视野，找到自己的理想追求！

目　录

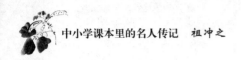
娄县县令

调回京都

少年时光

星夜出生的孩子

那是在南北朝时期，在北方范阳郡的遒县，就是后来的河北保定涞水，有一家姓祖的人家，这户人家世世代代都是读书人，而且几代人都曾经为朝廷掌管过历法。这户祖姓人家的祖台之，曾经在晋朝当职。他还特别喜爱文学，曾经写过一部名为《志怪》的小说，一时风靡晋朝。

到了晋惠帝时期，八个分封为王的皇族为了夺取中央政权，进行了长期混战，数十万人战死疆场，无数家庭破产逃亡。这就是著名的"八王之乱"。

"八王之乱"导致了西晋政权的灭亡。之后，黄河流域的各族统治者之间又相互混战，在130多年里，北方各族的统治者先后建立了很多王国，其中主要的有15个，连同西南地区的成国，历史上称为"十六国"。

在这一时期，由于王国与王国之间战争频繁，北方的人们为了逃避战乱和民族压迫，纷纷流亡到江南，投奔那些逃到江南的贵族、官僚和大地主们拥戴的晋朝皇族司马睿所建的东晋政权麾下。

在此时期，饱经战乱之苦的祖家，也不得不舍弃家业，全家南迁，颠沛流离，跋山涉水，一路风餐露宿，历尽艰苦，终于

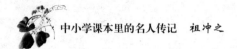

来到了东晋王朝的都城建康。

北方移民向南迁徙,也将他们比较先进的生产工具和生产技术带到了江南地区。他们与当地人们一同修建塘堰、焚烧山林、修筑堤坝,开垦了大量良田,使得风景秀丽、气候宜人的江南,变得更加富庶了。

公元420年,东晋大将刘裕废掉了先帝,自称天子,改国号为宋,它同后来的齐、梁、陈四个朝代,被历史上称为"南朝"。

祖台之的儿子祖昌扶老携幼,历经艰难困苦来到山清水秀的江南,终于过上了平静的日子。不过,他并没有贪图安逸,而是承袭了祖家对科学、技术、天文和历法上的研究与热爱,每日看书研习不辍。

尤其在建筑方面,祖昌更有造诣,他熟悉北方建筑的宏大和粗犷,又亲眼见到江南园林的玲珑和隽秀,于是,他将二者合为一体,创造出独具风格的建筑设计,这一切都深得刘裕的赏识。再加上祖昌的出色管理才能,而且他为人忠厚,很快便被刘裕封为大匠卿,掌管全国的建筑事业。

祖昌的儿子祖朔之在父亲的教诲下,在家庭的熏陶中,秉承祖家的风范,潜心研究学问,专攻天文,并在朝中从事天文和历法的研究。

转眼就到了元嘉六年(429年)。江南的三月,春风吹来,杨柳拂面。天上的纸鸢飞向高空,慢慢地缩小,偶尔有断了线的风筝，消失在遥远的天际。

刘宋王朝就在这国泰民安的繁华里迎来了一桩盛事，宋文帝昭告天下，他的儿子刘劭被确立为太子。紧接着，宋文帝又颁布了大赦令。

中国历代王朝大都如此，每当遇到皇帝登基、立太子、立皇后，或是改元号等情况，皇帝都会颁布大赦令，释放狱囚，大赦天下有罪或者正在被追诉的人，从而使他们免于刑罚，罪行清零，向天下百姓施恩，以此显示皇恩浩荡。同时，皇帝也会施恩于官员，不仅将现任的全部文武官员集体官升一级，而且还会补充不少新的官员。

祖昌的儿子祖朔之在这次皇帝的恩赐中被任命为奉朝请，这个官位其实本身并没有一个具体的职务，但是地位却很高，因为奉朝请是皇帝身边的人，也就是皇帝的侍从，而皇帝的侍从都是从世族门阀中选拔出来的。祖家掌管营造建筑，官职虽然不大，却是受人尊敬的世族门阀。

刘宋王朝结束了一天的喧嚣，京都建康的春夜，渐渐地归于宁静，路上行人较少，一阵清脆的马蹄声从街头传了过来。马车停了下来，已经进了祖家宅子，祖朔之掀帘下车，抬头仰望星空。

只见繁星满天，组成青龙、白虎、朱雀、玄武的二十八星宿熠熠生辉。那夜空之上，青龙张牙舞爪，仿佛要冲破天幕，翱翔八极。祖朔之立在庭院里，仰望星空，不禁感叹宇宙的

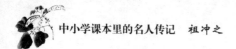

浩茫。

突然，一声婴儿的啼哭传了出来，声音十分清亮。仆人急忙出来向祖朔之贺喜说："恭喜老爷，添了位小公子！"

祖朔之听罢眉头顿时舒展开来，朝中那些令人不愉快的事全被抛到九霄云外了。他三步并作两步径直走入夫人的卧室，一眼便看见那个满脸通红、毛发稀疏并刚刚睁开眼睛的小家伙。他轻轻将孩子抱起，看了又看。

"祖家现在又有传人了啊！"中年得子的祖朔之轻轻吟道。他把新生的孩子抱了许久，许久。

"老爷，该给孩子喂奶了。"一旁的丫鬟见状轻声地提醒道。

"噢，好！好！"说着，祖朔之轻轻地将爱子放到躺在床上的夫人身边。

在孩子百岁那天，祖家摆了几桌酒席，亲朋好友和同僚知己都前来道贺。

在席间，祖朔之的母亲喜泪盈眶。她为祖家有人接替香火而宽慰。当然，她更想预测一下孙子将来的志向。老夫人迫不及待地让家人端出来一个早就准备好的摆满各种杂物的大盘子，上至珠宝玉器，下至针头线脑，各类杂物满满当当的。

盘子端到刚满百天的孙子面前，只见孩子用胖嘟嘟的小手在盘中抓来抓去，好像因为他从没有见过这么多玩物而显得十分开心。奇怪的是,珠光宝气的首饰他抓了又放下,官印、玉佩他碰都不碰,香粉脂膏他更是不屑一顾,挑来拣去,最后他却抓起了一捆小竹棍。这些小竹棍在那时是用来计算数目的运算工具,名叫算筹。

老夫人见到这个情景不禁大喜,这孩子果然承袭了祖家的遗风,祖家这个世代书香门第,真的有了传人啊!

就在这一天,很多世族大家都前来祝贺,祝贺祖家双喜临门,大家都说着吉祥、富贵的恭维话,都说祖朔之刚刚做了奉朝请,家里又添了一个小官人,真是喜上加喜。

不过,祖朔之不太善于交际,他是一个实干家。但是,听着这些恭维话,他的心中还是充满了喜悦,瞅着儿子一双明澈的大眼睛懵懂地盯着自己,脑海中想起儿子出世那晚天空中好像有一飞冲天的青龙,不由得对儿子充满了期望,于是说道:"不如孩子就取名叫冲之吧!"

众宾客都面面相觑,他们觉得"冲之"这个名字真是太奇特了。不过,他们同祖朔之一样,都不会想到这个星夜出生的孩子,日后将会真的与日月同辉啊!

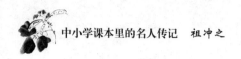

神话般的童年

江南的夏天，暑热难耐。只有在晚上才会有凉风袭来，花影移动，才稍稍会给人们带来一丝凉意。眼看七夕节就快到了，祖冲之和祖母在院子里乘凉。

"祖母，今天您给我讲什么故事呢？"祖冲之和祖母坐在竹凉椅上，身旁的祖母不停地给他扇扇子。

每天晚上，祖冲之都缠着祖母给他讲故事。除了"猫教老虎""耗子成亲""猫头鹰搬家"等动物神话之外，祖母还讲了许多如"夸父逐日""女娲补天""嫦娥奔月""大禹治水"等神话传说。

此外，祖母还经常给祖冲之讲许多古人勤学成才的故事，如"孟母择邻""苏秦悬梁刺股""匡衡凿壁借光""王充书铺站读""车胤囊萤借光""孙康映雪夜读""祖逖闻鸡起舞""王羲之临池学字"等。这些在祖冲之幼小的心灵上打下了深深的烙印。

"今天是七月初五，后天是几月初几呢？"祖母问祖冲之。

"七月初七。"祖冲之立马答道。

"七月初七是什么日子呢？"祖母又问。

"不知道。"

"好,那祖母就给你讲个七月初七牛郎织女的故事。"——

　　传说,牛郎是牛家庄的一个孤儿,从小与哥哥嫂子在一起生活。嫂子马氏为人十分刻薄,经常虐待牛郎。牛郎被迫分家出来,靠着一头老牛自耕自食。

　　这头老牛十分有灵性。有一天,织女和其他仙女一同下凡,她们在河里洗澡,老牛就劝说牛郎拿走织女的衣服,为此,织女就做了牛郎的妻子。婚后,他们男耕女织,生了一儿一女,生活十分幸福美满。

　　不料有一天,天帝得知了此事,就派王母娘娘押解织女回到天庭受审。老牛不忍心看到他们妻离子散,于是撞断头上的角,变成一只小船,让牛郎挑着儿女乘船追赶织女。眼看牛郎就要追上织女了,王母娘娘忽然拔下头上的金钗,在天空划出了一条波涛滚滚的银河。

　　牛郎没有办法过河,只能在河边与织女遥望互相哭泣。最后,他们坚贞的爱情感动了喜鹊,无数喜鹊飞来,用它们的身体搭成一道能够跨越天河的彩桥,让牛郎织女在天河上相会。王母娘娘无奈,只好允许牛郎织女每年七月七日在鹊桥上相会。

祖冲之入迷地听着祖母讲故事,他望着遥远的天空,陷入了沉思:原来天上有这么多迷人的奥秘,人间有这么多美

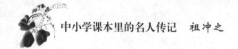

丽动人的传说。

讲完故事，祖母指着西北天空那几颗闪亮的星星说道："你看那三颗星星，最亮的一颗在中间，还有两颗分别在两边，它们并排站着，如果其中有一颗动的时候，其他两颗也会跟着一起动。其实，中间的那颗星星是牛郎星，旁边的两颗星就是他担子上挑的两个孩子。"

祖冲之顺着祖母手指的方向寻找，他一边望着星空，一边又听祖母接着说道："那密密麻麻的星带就是天河，天河对岸的那颗较亮的星星，便是织女星。"

祖母望着祖冲之，只见他点点头，似乎已经找到了它们。对于一个刚刚懂事的孩子来说，一切都是那么生动、那么有趣、那么神奇。祖冲之这个聪慧的孩子，望着那个遥远的世界，他想得很远。

转眼就到了中秋节，整个夏天的夜晚，他都在听祖母给他讲故事，他也总在望着天空。天上的星星亮晶晶，千颗万颗数不清。除了这数不清的星星外，还有那迷人的月亮和那关于月亮的美丽传说。祖母又给祖冲之讲起了"嫦娥奔月"的故事：

传说，在很久很久以前，因为后羿射日立了大功，他受到人们的尊敬和爱戴。不久，后羿娶了一位美丽善良的妻子，名叫嫦娥。人们都十分羡慕这对郎才女貌的恩爱夫妻。

有一天，后羿到昆仑山访友求道，遇上了王母娘娘，便向王母求得一包不死药。据说，服下此药，就能即刻升天成仙。然而，后羿舍不得撇下自己的妻子，他只好暂时把不死药交给嫦娥保存。嫦娥将不死药藏进梳妆台的百宝匣里，不料却被蓬蒙看到了。

在三天之后，后羿出去打猎，心怀鬼胎的蓬蒙假装生病，留下来了。等后羿离开不久，蓬蒙手持宝剑闯入内宅后院，威逼嫦娥交出不死药。

嫦娥知道自己不是蓬蒙的对手，危急之时她当机立断，转身打开百宝匣，拿出不死药一口吞了下去。嫦娥吞下药后，身子立时飘离地面，冲出了窗口，向天上飞去。因为嫦娥十分牵挂自己的丈夫，便飞落到离人间最近的月亮上成了仙。

祖冲之一边入神地听祖母讲故事，一边望着月亮。祖母讲完故事后，祖冲之一连串的问题又来了，难道月亮上真的有嫦娥、桂树和玉兔吗？月亮为什么有时很圆、有时残缺呢？又为什么有时明亮、有时较暗呢？他实在想不通。

有一天，祖冲之终于向祖母开口问道："祖母，月亮为什么有时圆圆的像锅盖，有时又弯弯的像镰刀，可有时候它干脆不出来呢？"

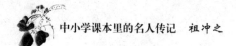

"它不出来那是因为被天狗吃掉了。"祖母答道。

"可过几天月亮又露面了。"祖冲之反驳道。

"天狗的嘴大嗓子小,吞到嘴里却咽不下去,只好又吐出来了。"祖母解释说。

尽管这样的回答并不能让祖冲之满意,但他还是被搪塞了过去。

讨厌的"天狗",要是没有它,每天晚上月亮都会出来,那该有多好啊!可是天狗有多大呢?它又住在哪里呢?

这时,祖冲之又想起祖父教给他的一首关于月亮的歌谣:

初一看不见,初二一根线,初三、初四镰刀月,初七、初八月半边,一天更比一天胖,直到十五月儿圆。

十七、十八月迟出,廿二半夜见半圆,一天更比一天瘦,廿九、三十月难见。

"祖母,为什么月到十五就变圆了,到了初一就不见了,那么初一、十五这是谁规定的呢?"冲之又摇醒了在那打盹儿的祖母问道。

"皇历上写着的呗!"祖母脱口答道。

"什么是皇历?"祖冲之又问。

"皇历就是用来看日月的书。"祖母又轻声说道,"这些

你长大后就会慢慢知道了。"

对于天空、星星和月亮，祖冲之脑子里藏着数不清的问题。"长大后就知道了"，祖母常说这句话。是啊，祖冲之多么想快快长大啊！

被家人逼迫着学习

春去秋来，四季轮回。花园里的花开了又谢，谢了又开。祖冲之慢慢长大，花园里的一草一木都见证着他的成长。不过，他看得最多的就是祖父和父亲仰望星空，计算着什么，探讨着什么。等到祖冲之再大一些，家里便请了先生给他启蒙，私塾里还有几个族中的小伙伴。他们一起在春天的园子里淘气，在夏天的荷塘里抓鱼，在秋天的石榴树上摘果子，在冬天的墙角挤着晒太阳，这些祖冲之也都没有落下，要知道玩闹本是孩子的天性。

有一天，祖冲之和小伙伴们趁着先生午睡的时候，蹑手蹑脚地溜到河边去戏水，不料当他们刚刚到园子里，祖冲之就看见父亲祖朔之正怒气冲冲地瞪着他。

这时祖冲之的父亲，做奉朝请已经多年，虽然他经常在皇帝身边行走，眼看着别人高官显贵，而自己却依旧是个小官员，不免望子成龙心切。他听私塾的先生说祖冲之虽然聪明,但心思却没有用在读书上,气就不打一处来,于是他亲自堵在园子门口,抓儿子一个现行。

当时的祖冲之还小,父亲当场就让他背诵《论语》。不料,祖冲之磕磕巴巴地只能背诵十多行,这可把父亲气坏了。祖朔之怒气冲冲地骂道:"儿子啊儿子,你可真让我寒心呀!先生说《论语》都教了两个月了,你竟然才能背十多行!你简直就是一个十足的大笨蛋!大蠢牛!"

说完祖朔之仍然不解气,他随手又折下一根细树枝,劈头盖脸地朝儿子打过去。祖冲之不躲也不闪,任凭父亲责骂和抽打。儿子不躲闪,做父亲的既生气又心痛,便怏怏地住手了。

祖朔之毕竟不甘心,一心想要把祖冲之往"读书做官"的路子上带。过了几天之后,他又开始训斥儿子:"万般皆下品,唯有读书高!你看我们祖家虽然也是士族,但是却是士族中的寒门。我们祖家可就指望着你用心读经书,将来高官显贵,好光耀门楣!现在,我再教你《论语》,你可要好好听着!"

可是,祖冲之好像就是听不进去一样,父亲不免又生起气来。祖冲之原本就厌烦读这些经书,于是干脆梗着脖子说:"我就是不爱读这些经书!"

祖朔之气得忍不住冲着儿子就是几巴掌,儿子终于"哇"的一声大哭了起来。父亲恨恨地看着儿子,连声叹气。

祖冲之的祖父祖昌是位开明的长者,此刻他闻声赶了过来。他知道儿子又在用错误的方法逼迫孙子学习了，于是对儿子说："孩子的天性是什么呢？爱玩。学习最好的老师是什么呢？是兴趣。孩子应该怎样教育呢？是言传身教！如果孩子真笨，你打骂他只会让他变得更笨。如果孩子不听话，你打骂他只会让孩子对学习更加没有兴趣。你如果想要教育出一个知书达理的好孩子，就不能由着自己给孩子做粗鲁的榜样！"

祖朔之觉得十分委屈，辩解道："父亲教训儿子，儿子本就应该垂首聆听，不回一言。儿子此番教训孩子，也是望子成龙心切。他这样读不进经书，将来怎么光耀祖家的门楣呢？"

祖昌呵斥一声："糊涂！"接着又说："你看看这世间，多少人家的孩子都耽误在了读经书做官这条路上。即使有满肚子的经书，却干不出一件实事，那也不过是个'两脚书橱'！于国于家又有什么好处呢？再说了，兴趣是学习最好的老师，绝对不能赶着鸭子去上架。我看这孩子倒是聪明得很，只要对什么事情有了兴趣，上了心，一定能学好。做父母的，要学会细心观察，学会引导，并且要因材施教。"

一番话说得祖朔之出气不得，看着孩子汪汪地眨着聪明的大眼睛，那大眼珠子滴溜溜地转，一会儿看看自己，一会儿看看祖父，祖朔之忽然也觉得孩子并非愚钝，便赞同了父亲的话，同意让孩子凭着自己的兴趣去学习。

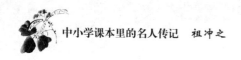

信守承诺的孩子

祖昌拉着小孙子回到客厅里。他坐在椅子上,让祖冲之站在前面,对两位客人说道:"这是我的孙子,因为不爱读经书,被他父亲教训了一番。"

一位皮肤黝黑、手臂粗壮的客人哈哈笑着说道:"是呀,总是关在房间里读经书,会使人发闷的。到我们工地上去玩玩吧!"

祖昌逗笑着向祖冲之说道:"冲之,叫他石祖父,让他收你做个徒弟吧!"

祖冲之果然走了过去,扑在石祖父的怀里,叫着:"石祖父,我要跟你出去。"

祖冲之的行动让三个大人都感到十分意外。大人们一齐大笑起来。祖冲之听到大人们的笑声,茫然不知所措。他满脸涨得通红,但仍然紧紧拉着石祖父的手。

这两位客人都是建筑工人。祖昌年轻的时候,在建筑工程方面做过小官。那时他对建筑工程还不是很了解,几个工人总是替他出主意想办法。鲁师傅和石师傅有经验、有技术,对他的帮助最大。

现在祖昌的官职是大匠卿,这是主管建筑工程的最高级的官,在朝廷中也比较有地位。但因为这两位工人是老朋友,所以即使地位悬殊,但他们之间往来依然十分密切。

祖昌问两位工人道:"听说你们翻修驿道的工程进度比较快,云溪桥的修建也快要开始了吧?"

那个子高高的、留着短胡须的鲁师傅说:"正是为了这事我们来请大人指示呢。我们很多工人认为,云溪溪底的沙层太厚,旧桥的桥墩先后坍陷下去了,现在即使再造新桥墩也很难稳固。我们打算另找一个桥址。"

"问过王大人了吗?"祖昌问。

"问过了。王大人总是守着一个老规矩,他总说,之前怎么办,现在也怎么办,一丝一毫都不能改。他还说,大匠卿让我们修复云溪桥,没有要求我们造新桥……"

鲁师傅还没有说完,石师傅就抢着说道:"王大人是位儒生,饱读经书,开口'仍旧贯',闭口'率由旧章',这些话我们都听不懂,我们只知道王大人说来说去是'照旧,照旧'的意思。"

祖昌笑了,他说:"王大人的确是读了不少经书,可是经书读得越多,就越不能干我们这个建筑行业。为什么呢?因为孔子和孟子他们主张,一个人只要读了经书,会做官,就不要去做那些种田、种菜、做工的'下贱'事。王大人的家族显贵,又读了许多经书,从来就看不起建筑工程一类的事。他认为这些事只能让'下等人'或者'小人'去做。"

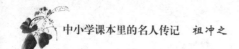

祖昌接着说："王大人现在是做官,没有人让他亲手去操作。他自己不懂工程,又不肯向他人请教,当然死死抱住老规矩,不肯改革了。你们的意见,我觉得很有道理嘛,不过你们可以先去找找,看看有没有更适当的桥址,两个桥址比较一下,如果你们选的桥址更好,那王大人就不能再固执下去了。"

"我们已经找到更好的桥址了。"鲁师傅说,"那地方在旧桥址上游两里的地方。那里河面较窄,河底也比较坚实。"

祖昌点头说道："如果有这么个好地方,当然可以改变桥址了。不过桥址一改,路也要新修一段,是吗?"

"新修的路不长,两岸加起来不过三里,但桥却稳固得多了。"

祖昌想了一会儿,说："这事不能草率决定。我明天同你们一同到工地去看一看。"

两位师傅欢呼道："好极了!好极了!"

祖冲之听了,扑到祖昌的怀里,央求道："祖父,你明天到工地去,我也要跟着去。"

"你去干什么呢?"

"去给石祖父做徒弟。"

三个大人都哈哈大笑起来。石师傅说："好,不读经书,就跟我去搬石头。工地上好看的东西多着呢!你来看吧!"

"好,我一定会去的!"祖冲之响亮地回答着。

第二天清早,祖冲之就要求祖父带他去工地。祖昌因为要去两处桥址勘察测量,当天不一定能够回来,所以他再三劝祖冲之不要跟去。祖朔之知道了,把孩子训斥了一顿,然后把他关在书房里读经书。

　　祖昌坐上马车,向工地的方向驶去。马车在新翻修过的驿道上前进,一路都很平稳,说明修路的质量十分不错。走了几十里的路,鲁师傅和石师傅在路边迎接。

　　鲁师傅说:"前面的路还没有修好,马车不能走,请大人下车吧。"

　　祖昌下了车,和两位师傅同步向前走着,到云溪的桥址勘察。走了不多远,他忽然听到后面有一个孩子叫道:"石祖父,我来了!"原来是祖冲之!

　　祖昌站住问道:"小鬼,叫你不要来,你怎么还是来了呢?"

　　祖冲之回答说:"我想来想去,觉得我和石祖父有约,不能不来,所以我就逃出书房,躲在马车的坐板底下放东西的地方,总算跟着您一起来了。——石祖父,我没失信吧?"

　　石师傅早就亲热地拉住祖冲之说:"对,你说到做到,很守信用。"

　　祖昌又说:"如果你父亲到处找你找不到,那该怎么办呢?"

　　"不管他!"祖冲之生气地回答。

石师傅对祖昌说："大人,工地上每天都会有人回建康去,我马上去找人给您府上带个口信吧。还有,这小公子也不能跟着我们去勘察,我去找几个小伙伴陪他玩吧。大人,你和鲁师傅先去桥址勘察,我办好这两件事就赶过来。"

祖冲之跟着石师傅走在工地上,他看到工人们汗流浃背,有的挖土,有的搬石头,有的用筐挑碎石和沙子。抬头望去,一片黄色的稻子,差不多也该收割了吧。

不远处有一个小村庄,四面绿树围绕,中间有座茅屋。再看过去,一条十几丈宽的小河,那就是云溪了,溪的对岸,有青翠的小山,小山背后,还有一层一层的高山,山顶接着白云。

这样一个再寻常不过的场景,祖冲之看到之后却分外激动。他在自己家里,每天看到的是墙壁和院子,几乎看不到墙外的世界。祖冲之偶然也上过几回街,可是坐在车子里,望着两旁狭窄的街道,也看不到多少东西。今天,他大开眼界了。他看见了河流、田野、工地、村庄,还有山头……他感到这一切都特别新鲜。

石师傅把祖冲之交给一群孩子。这些孩子和祖冲之差不多大小,但是他们的本领却比祖冲之大得多。他们会爬树、游水、划船,他们还认识许多农作物、树木和花草。祖冲之看到那肚子圆鼓鼓的大水牛,两只粗粗的弯角,吓得赶快逃开了,一点儿也不敢靠近,而其他的孩子却敢骑到牛背上去。

和这些孩子玩了大半天,祖冲之感到十分愉快,学到的知识也非常多。直到石师傅领他去吃饭,他这才依依不舍地和伙伴们告别。

爱问问题的少年

祖冲之从小就是个爱动脑筋的孩子,不管遇到什么事情,只要他不明白,就一定得打破砂锅问到底。人们常常说,爷孙隔辈亲。这话一点儿也不假,祖冲之和祖父关系最好,问祖父的问题也就最多。而祖父呢,对这个问个不停的孙子倒也从不厌烦,有问必答。祖冲之有一个爱好,他每天傍晚吃完饭都会坐在院子里看天空。那一望无际、宝石蓝色的天空,那挂在星空中皎洁的明月,还有那一闪一闪的星星,对祖冲之来说是那样具有诱惑力。

祖冲之常常幻想:如果我要是能到天空上去和它们交个朋友,那该有多好啊!可是,在祖冲之那个年代,别说载人上天的卫星,就连飞机也还没发明研制呢!祖冲之只好把他想对星星和月亮说的话,变成一个个的"为什么"交给祖父了。在一个初夏的夜晚,祖冲之又像往常一样,坐在院子里,睁大了眼睛找他的那些"老朋友"。当他的目光落在北斗七星上时,他惊讶了,咦?前些日子他注意这些星星时,它们

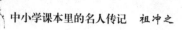

组成的勺形,那勺把儿还朝东,今天那勺把儿怎么指向了南边呢?

想来想去,祖冲之怎么都想不明白,难道这星星也像我们小孩一样,爱翻跟斗玩吗? 不行,我得去问祖父。

想到这里,祖冲之三步并作两步跑到了屋里,见到祖父,他立刻就问:"祖父,您说星星们会翻跟斗吗?"

"傻孩子,怎么会问这么个问题呢?"祖父慈爱地摸着祖冲之的头,笑着问。

"祖父,是这么回事。前些日子,我看北斗七星的时候,它的勺把儿是朝东的,但我今天突然发现它的把儿又指向南边了,您说这是怎么一回事呢?"祖冲之心急地一口气说了下来。

"噢,孩子,你这个问题问得非常好,但是祖父只能给你回答一半。"

"祖父,您知道多少,就都告诉我吧!"祖冲之热切地恳求着。

"好!"祖父拿了把扇子,一边扇着一边慢条斯理地讲了起来,"要回答你这个星星翻跟斗的问题,首先得提到张衡老爷爷。"

"张衡老爷爷是一个什么样的人啊?"祖冲之插嘴道。

"张衡是东汉时期的人,他离我们现在已经有 300 多年了。他是一位著名的天文学家,为了研究星星们是如何运动的，他年复一年，日复一日，花了很大的力气去观察、测量、计算和研究。他认为星星不但会运动，而且运动的速度还不一样哪！对星星运动的速度，他认为，星星运动得快与慢，与它们距离天的远近有关系。"

"星星为什么会运动呢？"还没等祖父说完，祖冲之的问题，又像连珠炮似的接了上去。

"这个问题到现在还是个谜。孩子，你好好学习吧！世界上的谜很多，只有当我们掌握了更多的知识，勤于思考，才有希望解开这些谜底。"

"嗯，好的。"祖冲之好像听明白了祖父的话。

"对了，冲之，祖父还没有告诉你关于北斗七星'翻跟斗'的规律呢。"

"到底是什么规律呢？"祖冲之兴奋地问。

"关于北斗星有一个口诀，你知道了以后，可以试着用它来进行验证。"

"您快说呀！"祖冲之摇着祖父的手，央求道。

"别着急，什么事都得有个来历。祖父曾读过一本书，叫作《史记·历书》。那上面有一句话：'随斗柄所指，建十二月。'"

"那是什么意思啊？"祖冲之迫不及待地又问了。

"那是古人经过长期观测天象，找出了北斗七星在不同季节，指向不同方向的规律。古书说：'斗柄东指，天下皆春；斗柄南指，天下皆夏；斗柄西指，天下皆秋；斗柄北指，天下皆冬。'"

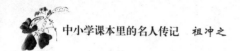

说到这里,祖父反问祖冲之:"孩子,听了这个口诀,你明白北斗星勺把儿转向是怎么一回事了吗?"

祖冲之点了点头说:"祖父,我明白了,现在春天刚刚过去,来到了夏天,按口诀,勺把儿当然要从东边指向南边了。再过些日子,要是到了秋天,它还会往指向西方呢,祖父,我说的对吗?"

祖父看着这个聪明好学的小孙子,满意地笑了。祖孙俩一问一答,祖冲之越听越有趣,祖父越回答也越乐呵。他看出孙子已经对天文产生了浓厚的兴趣,便不断地鼓励和引导他。

祖父趁热打铁鼓励孙子说:"孩子,宇宙的奥秘无穷无尽,如果你感兴趣的话,不妨好好地钻进去。"经祖父这么一说,祖冲之的兴趣就更浓了。

祖家世代掌管土木工程,对天文历法有着家学渊源,于是两辈人一起教导祖冲之,祖冲之对天文历法的兴趣便一发不可收拾了。

拜访何承天祖父

有一天,祖父祖昌带着祖冲之去拜访一名有学问的长者,他就是制作《元嘉历》的官员何承天。这个老人是当时名噪一时的天文学家，此时他已经70多岁了，满头白发，牙齿也掉了几颗，但他的精力却十分旺盛。

何承天在祖昌那里了解到祖冲之对天文感兴趣的情况后，便把年少的祖冲之拉到身边，含笑说道："孩子，天文这东西，懂一点儿可以，深入钻研非常辛苦，而且你既不能靠它升官，也不能靠它发财。你为什么要钻研这个呢？"

祖冲之一本正经地回答道："我不求什么升官发财，只想弄清天地的秘密。"

"天地的秘密？"何承天慢慢地点着头，思考了一会儿，笑着说道，"你倒想得很容易嘛。我问你，有一天，月亮掩盖了心宿的一颗大星，你说这表示什么呢？"

"这是因为月亮在天空运行，一会儿遇上这颗星，一会儿遇上那颗星，这说明了月亮的运行路线。"

"可是我听有人说，这是天意，说明有个将军就快要死了。"

祖冲之听了之后，感到迷惑不解。他看了看祖昌，祖昌微笑着不说话。

"后来，过了几个月，真的有一个将军死了。"何承天说。

祖冲之的脸涨红了，他说："何祖父，我们宋朝有许多将军，每年都可能死掉一两个将军，可是这跟月亮有什么关系呢？天文书里常说天上的星象预示着人间的祸福，我和祖父都不相信这些，想不到何祖父会相信这一套。"

何承天哈哈大笑，对祖昌说："大匠卿，你这个孙子志气

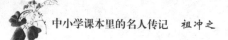

不小,照我看来,可能还要胜过你的儿子呢。"

何承天拍了拍祖冲之的肩膀:"孩子,你不求富贵,不信'天命',想要弄清天地的秘密,像你这样来钻研天文,是会有出息的。可是,天地的秘密,不是那么容易就能弄清楚的,需要你一辈子都下苦功呀。"

说到这里,何承天颇有感慨地望了望祖昌说:"我跟我舅父观测天象的时候,比这孩子还小呢。之后舅父去世了,我自己进行观测,前后大概也有40年了。现在老了,对日月星辰运行的规律,大体上了解一点儿。但是,还有许多秘密没有弄清楚呀。不过,如果进行深入的钻研,就会了解更多,天地的秘密最终也会被人们揭开。我们懂得越多,就会有更充分的理由去驳斥什么'天意''天命''至诚感天'那一套!孩子,你一定要狠下苦功啊!"

之后,何承天挽留他们祖孙二人一起吃午饭,同时也让他们看一看土圭的影子。在何承天后园的草地上,竖立了一根垂直于地面的木杆,这就是土圭。它有什么作用呢?

何承天说:

　　它可以用来测量太阳在天上的位置。例如,每天早上,杆影朝西,而且很长,说明太阳刚从东方地平线上升起来。接着,杆影朝西北,越变越短。到正午时分,杆影朝正北,这是一天杆影最短的时候,同时说明这时的太阳是一天中最高的时候,而且证明了太阳位于我们的正南方。之后,杆影会越变越长,经过东北而移到东方,而且影子很长,慢慢地太阳就在西方落下了。

这里需要注重观察的是正午的杆影。

何承天继续说,并且指着地上,

你们能看到从木杆北面用五色石片砌成的那条线吧,那里就是指着正北的一条线,这条线每隔一尺就变换一种颜色,标上尺寸,到了正午的时候,杆影就会落到这条线上,我们很快就能看出它的长度了。

"每天正午时分,杆影的长短都不一样吗?"祖冲之疑惑地问道。

祖昌插进来说:"正午的杆影,每天都在逐渐地变长或变短,不过如果你不注意,就看不见这细微的变化。"

何承天点点头,说:"如果长期观测,你会发现变化不是很小呢。"说着,他拿了一本簿子,给祖昌和祖冲之翻看并说:

我每天都会在簿子上记下正午杆影的长度。夏天杆影只有一尺多,到了冬天却有一丈多,相差几乎十倍。昨天正午杆影一丈二尺九寸,你们看看今天正午杆影有多长。

忽然,何承天指着地上说道:"两位请看,杆影马上就要落到正北的那条线上,你们看看它到底有多长。"

三个人聚精会神地注视着杆影慢慢地移动,当影子落到了正北线上时。祖冲之兴奋地抢先叫道:"一丈二尺八寸三分!"

之后,他们回到客厅,何承天立即拿起毛笔,在簿子上记下当天正午杆影的长度,口里还喃喃地说道:"今天竟然比昨天还要短!"他沉思了好一会儿。

祖昌对祖冲之说:"今天你看了土圭,现在你给祖父讲讲土圭的用处吧。让何祖父听听,看你讲得对不对。"

祖冲之垂手站立,恭敬地回答道:"看杆影一天的方向和长短,可以知道大概的时间。看杆影正午的指向,可以了解一个地方准确的方向。看每天正午杆影的长短,可以知道季节。"

"那么,正午杆影最短是在哪一天呢?最长又是哪一天呢?"祖昌问。

这个问题,何承天没有讲过,祖冲之一时回答不出来。可是他迟疑了一下,记得书上常有提到"夏至"和"冬至",这是太阳在天空最高和最低的两天,连忙答道:"杆影最短是在夏至日,杆影最长是冬至日,您说我回答得对吗?"

何承天点头笑道:"大匠卿,你这孙子学习真是非常用心啊!回答得正确。可是,今天的事你不觉得奇怪吗?"

祖昌茫然不懂:"有什么奇怪的事情呢?"

何承天拿出一本历书来说："这是皇上颁发的今年的历书。照历书来看，后天才是冬至日。可是……"

"今天正午的杆影为什么会比昨天还要短呢？"祖冲之问。

"这孩子问得好。冬至应该是一年中太阳最低的时候，也就是杆影最长的一天。从夏至以来，杆影会一天比一天长，到了冬至最长，然后杆影会一天一天变短。既然后天是冬至，今天明天杆影应该继续加长才对，可是今天却比昨天还要短了，你说怪不怪呢？"

"是不是记错了呢？"祖冲之问。

何承天得意地摸了摸胡子说：

我每天都是当场记录的，绝不会有错。而且我量杆影已经很多年了，除了遇到阴雨天没有办法测量以外，每年都有这种奇怪的事情发生。这种怪事，当然不是太阳今天故意爬得高一些，而是那些管天文历法的人失职了。他们死抄旧历法的计算方法，把后天定为冬至日，这其实是错误的。而是应该提前三天，把昨天定为冬至才对。

现在的历法照抄古代历法，没有以天象的实际情况来做修订，这怎么可以呢？你们知道，我们安排月份是按照月亮的圆缺来进行的，这和季节毫不相干。

我们安排季节都是根据太阳在天空的高度来定的。古代的人们把杆影最长的一天定为冬至，并且测得从一个冬至到下一个冬至是 365 天，这就是一年。但每四年中有一年是 366 天，所以秦始皇制定历法时，每年是 365 又 1/4 天。我们把这个日数划分成二十四节气，每个节气 15 天左右，春、夏、秋、冬四季，每季占六个节气，这个节气也是依据太阳在天空的高低而定出来的，这是一种阳历。

农民种田是需要依据季节的，因而他们就得记住节气的先后次序，他们常常要问哪一天是清明，哪一天是谷雨，凭着这些节气来定季节的早晚。现在历书把冬至弄错了三天，那么所有的节气跟着就都弄乱了，对农民种田有很多的不便啊！

"那为什么不修改错误的历法呢？"

"因为他们死扣古书，因循守旧呀！那些管天文历法的人，一天到晚讲天象怎样预测吉凶祸福，却不肯改正古代历法中的错误，给农业生产带来了许多不便。等我把另外一些天文现象都测算好之后，便要奏报皇上，请求改订历法。大匠卿，你说该不该改呀？"

"你若有真凭实据，证明历法有差错，那当然是要改的啊。"祖昌说。

"当然要改！"祖冲之也坚定地说。

探索星空的奥秘

祖昌发现祖冲之对天文历法很感兴趣后,便开始亲自对祖冲之进行天文知识的启蒙。从春天到夏天,从夏季到冬季,在四季轮回交替中,祖父和孙子一老一少仰望星空的身影就成了一道美丽的风景线。

我们眼中浩瀚的天空,昨天和今天看上去并没有什么不同,可是那些日月星辰,却都在按照自己的轨迹不停地运行,悄悄地改变着自己的位置,昭示着岁月的变迁。有的星星一闪而逝,有的星星却能万古长存,而天幕依旧是那个天幕,在寻常人的眼中不增不减。

有一天,祖父拿出几幅上古时期的星象图,让祖冲之对着星空一一对应。祖冲之惊讶地问:“祖父,这是什么图?是天空的星象图吗?”

祖父给出了肯定的回答,祖冲之兴奋地遥望着天空一一对应,却疑惑地发现,星象图中有些星星的组成和当下星空中星的分布差别非常大,难道是古人把图画错了吗?

祖父乘机说道:“孩子,我们的宇宙是无穷无尽的,奥妙也是无穷无尽的。每一颗星星都有着自己的轨道,每天都在不停地移动,有些细微的变化我们的肉眼难以察觉,但是数

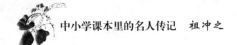

千年、数万年之后，这个移动积累到了一定程度就是巨大的，当我们那时再看，才能感受到它不同。"

祖父接着说："可惜每个人都是百年光阴瞬间而过，对于天地来说，每人都是一个过客，所以一个单独的人即使穷尽一生也不可能观测到星辰明显的变化。这就需要我们一代代的人进行接力，把自己的观测经验总结、归纳，以便传给后来的人。"

祖冲之似懂非懂地点了点头。此刻，天幕之上，星星也在快活地一闪一闪地眨着眼睛，似乎非常欣慰听到爷孙俩的对话。

祖父又拿着星象图，一颗星一颗星地告诉祖冲之。原来，我们的老祖先，很早就知道日月变迁和四季轮回的关系，在远古时代就有了关于星象观测的记载。

古代的人们对未知的宇宙充满了敬畏，认为它们主宰着人类的活动，于是，人们就根据这些星的特点，给每一颗肉眼能观测到的星星起了一些神奇的名字，以对应地上万物的变化。比如，在东方那颗最亮的星星，它总是在黄昏时分第一个出现在天空，又在太阳升起之前最后一个隐去，我们管它叫启明星。

同样的星空，在四季里也是不一样的，春、夏、秋、冬四季的星星，被我们的祖先用28颗最明亮的星星，分成了四组，每一组七颗星，每一个季节对应一种灵兽和一个方位，春、夏、秋、冬四季则分别对应青龙、朱雀、白虎、玄武四种灵兽。这四种灵兽又掌管着东、南、西、北四方的星空。

春天的方位是东方,灵兽为青龙。青龙生机勃勃的神态,昭示着春天万物复苏的萌芽之象,便以青为颜色,寓意着春天的生机和万物生长的灵气。

夏天的方位是南方,灵兽为朱雀。朱雀指的是红色的火雀,朱雀灵动,昭示着夏天万物都进入繁荣的时期,寓意着夏天热烈似火的状态。

秋天的方位是西方,灵兽为白虎。因为古代行刑的时间一般定在秋季,被称为秋决,寓意着万木萧萧一片肃杀的景象。

冬季的方位是北方,灵兽为玄武。玄武指的是黑色的大龟,因为龟表示收藏之象,并且黑色龟壳代表的是收敛的颜色,昭示着万物进入休眠期。

祖冲之听后十分惊讶。原来,我们的古人早就已经将宇宙同自身的生活联系起来了。

祖父继续侃侃而谈。古人认为星运主宰着国家和个人的命运。关于这四种灵兽的来历,还有相关的故事呢。原来,以前掌管星空的灵兽并非后来的这四种灵兽,可是后来为什么要以青龙、白虎、朱雀、玄武为四灵兽呢?这除了星星组成本身固有的形状之外,还同我们的远祖黄帝有着密切的关系。

　　我们都知道龙是我们中华民族的图腾,但是有多少人知道龙的出现和远古三皇之一的黄帝有关系呢!当初黄帝大战蚩尤时,也将他领导下的古老羌族的图腾"龙"带到了东方,与"东方苍龙星座"合二为一,将西天神兽熊和猫头鹰取代了。等到黄帝统一南方的时候,朱雀便化成南方天空的吉祥鸟,成为凤的雏形,最后它同东方的龙一起组成了"龙凤呈祥"。

　　在古代,作为图腾的是东凤和西龙,而作为灵兽的则是东龙和西凤。周朝正式确定了封建制度以后,制定了周礼,注重祭祀上天,并且当时阴阳五行的思想已经十分成熟,便重新划分了星宫,西北方的龙向东移,东方的凤向南移,南方的虎向北移,最后再补出龟蛇缠绕的玄武完成了"四方之神"的星宫图。

　　祖冲之听到祖父讲的这些,迫不及待地展开星宫图,来分辨天上的四灵兽。果真,28颗星星勾勒出了四种灵兽的形状。只见东方的星象就像一条跃跃欲飞的苍龙,西方的星象就像一只凶猛的大老虎,南方的星象就像一只蹁跹飞舞的大鸟,而北方的星象就像一条蛇和大龟缠绕在一起。祖冲之不由得跟随着祖父的故事神游八极。

　　祖父又说:"其实,这些星星还有自己的名字呢!"祖冲之随着祖父的手势望去,他看到了苍龙七星宿。角、亢、氐、房、心、尾、箕,分别组成了龙的角、颈项、颈根、膀、肋、心脏、

尾,一条栩栩如生的苍龙便跃然纸上。

在祖父的引导下,祖冲之一一辨认了这些星星,祖父又说:"你知道为什么四灵兽分别掌管星空吗?"说着祖父指着头顶上的星空,祖冲之摇了摇头。

祖父说道:"因为斗转星移,星星时刻都在运转着,星象也随之而不断变换。在冬春之交,青龙显现;春夏之交,朱雀上升;夏秋之交,白虎露头;秋冬之交,玄武升起。它们就像轮流出来值守一般。"

从当今人们的眼光来看,古人是多么聪明啊,他们极具探索精神,很早就将日月星辰与人类自身活动的因果联系在了一起。从现代教育学的观点来看,祖昌对祖冲之的教育多么具有科学性啊!他能够因材施教,以兴趣对孙子进行引导,最可取之处是他能够将理论与实际相结合,加强了孩子对知识的理解能力。

听祖父讲故事

有时候,少年时代的梦想,往往能影响一个人一生的道路。

祖冲之的祖父和父亲都支持他继承家传之学,那么他们言传身教则是必然的。

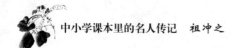

他们所处的时代，士族攀比之风盛行，不是他家斗富，就是你家宴请，吃喝玩乐，酒肉穿肠。唯有祖家摒弃了这些浮华的应酬，依旧脚踏实地地研究天文地理、工程数学，从来不肯虚度光阴。

祖冲之在这样的家庭氛围中，自然是潜心读书。

有一天，祖父来到了祖冲之的书桌前，看到孩子正沉醉在天文学里，丝毫没有觉察祖父的到来，他不禁欣慰地点点头，然后悄然离去。园子里花香浮动，一轮满月洒下清辉，瞬间消除了祖昌心中多日的忧思。

原来，由于祖家不太善于同他人应酬，已经有人颇有微词。祖昌深知，历代的天文学家，准确地说都是一些斗士，因为天文历法被皇帝重视，而天文又是最需要否定已有的成果，同时也最需要推陈出新的学科。

如果没有一颗坚强的心，没有勇于同权贵斗争的勇气，很多研究成果都会被权宦之流打压下去。想到这里，他想知道少年的祖冲之是不是已经做好了这个思想准备？

想到这里，祖昌又返回了祖冲之的书房，他久久地注视着已经开始长出绒毛胡须的读书郎。祖冲之在不经意间觉察到身边的祖父，却发现祖父神情凝重，还给他讲起了东汉天文学家张衡的故事——

原来，在东汉的时候，天文学家张衡就已经制造了

一台观测地震的地震仪。但是当时的人们,谁都不相信他会造出这样一台神奇的仪器,他们认为地震是天灾,是上天降临给人间的惩罚,怎么可能测出来呢?

可是有一天,张衡突然对皇帝说,京都洛阳的西边发生了地震。在朝的文武百官都哈哈大笑,说他们自己就站在洛阳的土地上,如果真有地震,怎么他们都没有感觉到震动呢?有的人甚至向皇帝进谗言,说张衡蛊惑人心,奏请皇帝惩治张衡。

张衡百口莫辩,但他依旧据理力争,说自己的说法是有依据的。如果不相信,请各位官员到观测台看一看,就一目了然了。

到了观测台,大家一看,哇!那个青铜铸造的大家伙到底是什么东西呀?只见一个直径大约有八尺的青铜仪器,主体类似于一个巨大的酒樽,在酒樽的外沿,依次按着北、东北、东、东南、南、西南、西、西北八个方位各附着一条龙,那龙嘴里还各自含着一颗珠子。

八条龙龙嘴的正下方,依次蹲着一只张着大嘴的青铜蛤蟆。众人再仔细察看时,却发现西边的那条龙嘴里的珠子已经落了下来,掉进了正下方的蛤蟆嘴里。

张衡说道:"诸位,这就是我新研制出来的地震观测仪器,名字叫地震仪,里面有很精巧的感应机关,不便大家观看,但是我们只需要看外面的龙珠,就可以知道仪器对地震的感应。一旦哪个方位的地有所震动，相应方位的龙嘴就会吐出嘴里的龙珠，落到下面蛤蟆的嘴里。各位已经看到西边方位的龙珠已经掉进了蛤蟆嘴里，这说明洛阳以西已经发生了地震。”

张衡一席话说出，百官一片哗然。有的人公然走到张衡前面说：“奇技淫巧，哗众取宠，不足为信！”张衡当时既生气又难过，但是他坚信自己多年的研究成果，虽然遭到了讽刺，但他也不泄气。

皇帝知道张衡是一个脚踏实地的人，并没有治他的罪。接下来的几天，人们对他的冷嘲热讽就没有停过。直到三天之后，洛阳以西某个地方的官员，送信给朝廷，说当地发生了地震。百官又是一片哗然，这才相信张衡的地动仪真是可以测地震的神器！

祖冲之听了张衡的故事心里一阵向往和激动。祖昌继续说道：“孩子，我刚刚给你说了张衡测地震的地动仪，我再给你说张衡测天的浑天仪！”

接着祖昌又给祖冲之详细地解说了浑天仪和浑天学说，他说张衡的浑天仪对应着天空的日月星辰，那个仪器能够将日月的起落和位置移动再现出来。祖昌又说，宇宙无穷无尽，没有边界，我们眼睛所能看到的星辰只是浩瀚苍穹的一部分。

可是为什么有的星星看起来明亮呢？因为它距离我们

近。也许还有一些更明亮的星体,因为距离我们太遥远而看起来有些暗淡。他又说我们生活的大地其实也只是一个星体,它同太阳、月亮一样都只是苍穹中的一小部分。

祖冲之悠然神往,谁料祖父将话题一转,说道:"孩子,如果你的成果不被他人接受,你会像张衡一样坚持自己的主张,经得住来自各方面的打击吗?"

祖冲之昂起倔强的头,眼神坚定地说:"祖父,我能。"祖昌满意地点了点头。

祖冲之有很多小伙伴,都喜欢听他讲关于星星的故事。其中有一个放牛娃,他每次表现得最积极。可是有一天,祖冲之发现他无精打采,耷拉着脑袋在那里发呆,一副心事重重的样子。祖冲之觉得自己的演讲没有被重视,便问道:"嘿,你怎么了,怎么不认真听故事呢?"

不料,那个放牛娃"哇"的一声哭了出来。祖昌听到之后,以为是孩子们拌嘴,就出来调解。孩子见到祖昌,抽抽搭搭地说:"祖父,我看到了一颗流星。我听村里的神婆子说,天上一颗星,地上一个人,看到一颗流星,就代表要少一个人。我是不是就要死了呢?呜呜……"

孩子们都害怕起来,祖昌哭笑不得,他亲切地对那群孩子说:"孩子们,别害怕。祖父给你们讲讲什么是流星。"

所有的孩子都聚拢了过来,只听祖昌说:

　　其实流星就好像大山上的石头一样,年深日久,山上的石头就会风化,而风化的石头就可能会脱落。流星其实就是天上脱落的星星,这种比喻是为了让你们听懂,真正的原因很复杂的。你们要知道的就是,所有天上的星辰,上升或者下落,发光或者暗淡,都只是它们在我们眼中的一种运动而已。一切在运动的过程中,我们看到的现象与人的祸福无关。

　　孩子们更加惊讶了:"星星也运动吗?"

　　"是啊,它们就像你们走路一样。"

　　"那天上的星星会不会都脱落了呢? 天会不会塌下来呀?"

　　"不会的,每颗星星都有自己的运行轨迹,只是偶尔有调皮的星星能挣脱。"

　　"那流星会砸到我们吗?"

　　"不会。远古的时候人们就有记载过流星和流星雨,它们偶尔会落到地上,但绝大多数都已经消失在了星空里。"

　　"天有多高呢? 我们能上去摘星星吗?"

　　"天很高很高,我们没法上去,准确地说是离我们很远很远。"祖昌看到哭泣的孩子已经平静下来,孩子们都在聚精会神地听他讲,便说道,"呵呵! 不过,我们可是有办法来管住星星们的! 孩子们,你们看! 祖父手中的星宫图,12 黄道将星空分成了 12 块,每颗星星都有了属于自己的'房子',这

样它们就不会到处乱跑了!"

孩子们快乐地大呼小叫,而在祖冲之的心里却因为放牛小伙伴的一番话,思考了起来:只有真正认识了星空,人们才不会胡乱添加罪名给那些星星们。什么流星索命啊,扫帚星导致霉运啊,都是一种自欺欺人的说法。不过,要纠正这些,必须要经过一个漫长的过程。

早年的科学实践

在祖家这样的家庭环境熏陶下,祖冲之对自然科学、文学、哲学和音乐等都产生了浓厚兴趣,尤其对数学、天文学和机械制造情有独钟。

在一个美丽的清晨,东边山头上的天空被染红了。紫红色的云像是被小孩子用毛笔涂出来的一样,无意地构成了一只巨大的天神的翅膀。山顶一团浓云中间,露出了朝阳,好像是血红的可爱的双唇,向着人们灿烂地微笑。

在月亮门内,一架瓜棚,半熟的瓜,垂了下来。中间有一条砖砌的甬道,两边扎着两重细巧的篱笆。篱笆上交缠着蔷薇花,它们竞相开放,灿烂得就如同锦屏一样。

再走几步,到处是名花异卉。一花未谢,一花又开。再往前是一大片空地,祖冲之正在那里头也不抬地不知道在忙

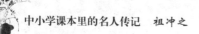

些什么。只见在空地的南面立着一个表,此时他正忙着在那个表的后面立下另一个表。一个书童走过来说:"公子,该吃早饭了。"

祖冲之头也不抬地说:"再等一会儿就去吃。"

书童走近看了看立着的表说:"又在测量日影啊！昨天还放得好好的,今天怎么又给拆了呢?"

祖冲之说:"我又发现了一种新的测量方法,等我做好之后再告诉你。"

"吃完早餐再弄吧,不然夫人又该着急了。"

祖冲之好像没有听见一样,照旧摆弄自己的东西。书童只得在一旁耐心地等待着。不一会儿,书童好像突然发现了什么似的惊讶地问:"公子,这是什么东西呀?"

"啊,这是测量日影所用的仪器,叫作表。"

"呀！还是金子做的呢！"

祖冲之笑了笑说:"这是铜制的板形标杆,将它垂直地立到地平面上,记录正午时的日影。这是一项很细致、很烦琐的工作,需要我们有很大的耐心。你不要烦我,一会儿我就去用饭。"

书童无可奈何地走了,嘴里还小声地咕哝着:"整日里不是观星星,就是看月亮,看日头的,不知有什么用处?"

突然有一天,祖冲之跑到书房里查找《汉书》。前几日,他对东汉末年刘洪的《乾象历》和三国时杨伟的《景初历》

等进行了深入研究。昨天,他听祖父说《汉书》中提到了六种古代的历法,今日便来浏览一番。

祖冲之拿起《汉书》,如饥似渴地读了起来,这部书是东汉初年班固写的。

读着读着,祖冲之发现书中确实提到了六种古代的历法,即《黄帝历》《颛顼历》《夏历》《殷历》《周历》《鲁历》。他越看越觉得疑惑,用两只手托着腮帮子,望着远处,陷入了沉思。

这时,父亲走进来,见他这般模样,便问道:"冲儿,又为什么事而发呆呢?"

祖冲之若有所思地问道:"父亲,东汉班固所写的《汉书》中提到的六种古代历法都是什么人写的呢?"

父亲不假思索地说:"当然是当时的古人所作了。"

祖冲之不置可否地自言自语说:"我怎么觉得这里有些蹊跷呢?"

说着,他又沉思起来。

父亲见祖冲之又陷入沉思,便不再打扰他。

过了些日子,祖冲之兴高采烈地找到父亲说:"父亲,您说《汉书》中提到的六种古代历法是当时的古人所作,其实并不是这样,它们都是后人假托前人的伪作。"

父亲非常惊讶地问:"不是他们,那是什么人所作呢?"

祖冲之理直气壮地说:"古代历法的作品,都是在汉初秦

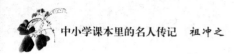

末时期。"

接着,祖冲之便把古代历法中有纰漏的地方讲给父亲听。父亲听了,频频点头说:"我儿所言极是,有理有理。"

祖冲之见父亲已经认可了自己的见解,心中特别高兴。休息时,他的书童跑了过来,嬉皮笑脸地说:"公子,您那天答应我,给我讲月亮为什么有时圆、有时缺。今天,该给我讲了吧?"

祖冲之满口答应说:"好!那我今天就还你的债。"

说完,祖冲之便一字一句地讲了起来:"有人说天狗吃月亮,其实不然,实际上是地球遮住月球时出现的月缺现象。"

书童歪了歪脑袋,好像明白了,又问:"那今年为什么有13个月呢?"

祖冲之解释说:"从月圆或月缺再到第二次月圆或月缺的一段时间定为一个月。每一个月是 29 天多一点,12 个月称为一年。这种计年的方法叫作阴历。后来人们又观察到从一个冬至到另一个冬至总共需要 365 又 1/4 天,于是人们把这一段时间称为一年。按照这种办法推算的历法通常叫作阳历。"

"但是,阴历一年和阳历一年的天数,并不是恰好相等的。按照阴历计算,一年总共有 354 天;按照阳历计算,一年应为 365 又 1/4 天。阴历一年比阳历一年要少 11 天多。"

"为了使这两种历法的天数一致起来,就必须想办法调整阴历一年的天数。对于这个问题,我们的祖先在很早就找到了解决的办法,就是采用'闰月'的方法。在若干年内安排一个闰年,在每个闰年中加入一个闰月。每逢闰年,一年就有 13 个月。由于采用了这种闰年的办法,阴历年和阳历年就比较符合了。"

书童聚精会神地听着,他见祖冲之不讲了,便问道:"那么多少年里有一个闰年呢?"

祖冲之见他听得很认真,便高兴地说:"我们的祖先一向把 19 年定为计算闰年的单位,称为'一章'。在每一章里有 7 个闰年。也就是说,在 19 个年头里,有 7 个年头是 13 个月。这种闰年法一直采用到现在,差不多已经有 1000 多年了。"

书童说:"你说的这事,那天老爷和老太爷也在说。当时我没有听懂,只听他们说这个历法有些不准了,说是北凉有个姓赵的又测出新的结果了。"

这时,有人喊书童,他便飞也似的跑开了。祖冲之听了书童的话又陷入了沉思。他思忖良久,便向书房走去。祖冲之找了半天,看到了著名天文家何承天作的《元嘉历》。他急忙地阅读起来。《元嘉历》中清楚地写着 19 年 7 闰的历法。他将《元嘉历》丢到一边,又找起来。祖冲之隐约记得书童说是北凉的,一直找到傍晚时分,才在父亲的书房里看见一本《元始历》,是北凉赵厞所作。

公元 316 年到 420 年这一期间,我国北方广大地区先后

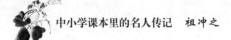

建立过许多国家,史称"五胡十六国",北凉是其中之一。

祖冲之拿到这本书,一鼓作气将它看完。这本书是412年赵厞所作。《元始历》打破了岁章的限制,规定在600年中间插入221个闰月。

祖冲之感到非常疑惑:《元嘉历》晚于《元始历》31年,为什么现在还采用19年7闰的古法呢?他问父亲:"父亲,北凉的赵厞已经规定600年中间插入221个闰月,为什么何承天在制作《元嘉历》时还采用19年7闰的古法呢?"

祖朔之说:"有可能赵厞的改革没有引起当时人们的注意。另外,如果想要施行一种新法也很难,会受到许多阻力。人们习惯一种旧的势力,就很难再接受新的东西。他们总认为旧的东西是天经地义的,是祖宗所定的规矩,不能轻易改变。要是有人想要改变它,一定会遭到一些人的反对,是要冒很大风险的。"

即使父亲的话祖冲之没有完全理解,但在他的心灵中却埋下了19年7闰的提法已经不适用的看法,并且他决心要亲自动手测量一下,到底应该几年一闰。

祖冲之博览群书他从不盲从,从不迷信,也特别善于实践。他天资超人,意志顽强,凭着自己的刻苦学习、勤奋钻研、锐于实践,终于在青年时代脱颖而出了。

求学探索

在国子学学习

祖冲之的先辈们世世代代都对天文、历法等有深入的研究。环境的影响、家庭的教育,使祖冲之从小就对数学和天文产生了浓厚的兴趣。

祖冲之一晃就长大了,他就读于"国子学",这是一所专门为官宦和富家子弟创办的学校。学校依山傍水,环境十分幽雅,再加上设施齐全、藏书丰富,教育也十分正规。师资力量雄厚,执教者个个学识渊博,有些还是朝廷退休的文官。

学校除了开设《诗经》《书经》《易经》《礼记》《春秋》等儒家经典外,还教习学生数学,其中就有《九章算术》,在当时的社会学堂里开设数学课程可谓凤毛麟角,别出心裁了。

学校虽然好,可是学生们却很不争气,他们中的大多数都是些纨绔子弟。这些人凭借自己出身的门第,平日里讲究吃喝玩乐、穿着打扮,甚至涂脂擦粉,穿着宽大的衣服,结宽带,戴高帽,着高屐,出门就乘车,回到家里就有人扶持,成天游荡,无所事事。他们哪里想着读书呢?考试的时候请人代考,作诗请人代作,书法请人代写,就连算题也请人代演。

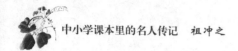

　　然而,祖冲之却是一个例外,除了严厉的家风之外,他本人对学习的兴趣也促使他每天刻苦攻读,虚心求教,专心学问,以学习为乐。读书时他精益求精,总是一边读,一边记,一边问还一边想。

　　正如《隋书》中关于祖冲之传记中写的那样:

　　　　少稽古,有机思。

祖冲之对所学的每门功课都十分感兴趣,其中他更喜欢天文和历法,并且尤其对数学比较偏爱。这在当时读书目的就是做官的时代来讲更显得难能可贵了。

　　夏天的一个午后,数学老师讲解了《九章算术》中的"粟米章"的问题,其实这是关于谷子、米、米饭的转换比率的问题。对于那些平日里五谷不分的学子来说,真是对牛弹琴。当时天气十分炎热,只见学生们一个个都是萎靡不振的样子。他们有的在打瞌睡,有的在把玩扇子,有的甚至在看小说,只有祖冲之一个人在聚精会神地听老师讲解。

　　然而课堂的气氛渐渐使老师头疼起来,为了引起更多学生的兴趣,他特意插讲了一道"鸡兔同笼"的趣味算题:

　　　　今有鸡兔同笼,上有35头,下有94足。问鸡兔各几何?

题目出完之后,老师让大家先思考一番。果然有几个学生开始活跃起来。

这道题目在现在看来也许并不难解,设未知数、列方程组就可以解答出来。可在当时,数字、字母、运算符号都还没有发明或引入的情况下,人们除了用笔、纸书写之外,就是用我们之前提到过的竹棍,也就是算筹去演算,这当然是一个十分艰苦的过程。

这些学生哪里吃得了这样的苦?他们思考了一阵没有结果,就再也没有耐心想下去了,于是纷纷喊道:"这能算出来吗?""这也太难了吧,老师您给讲讲吧!"

没有办法,算术老师看到这样的情况只好一边用算筹演示一边给学生们讲解。

尽管后来老师把计算的方法都告诉了学生,但其中计算的道理他们却并不是很清楚。这样一来二去,使得学生们一个个晕头转向,如坠入五里雾中,刚刚提起来的一点儿兴趣,又被这复杂、艰涩并且道理不甚明了的演算给冲掉了,尽管最后学生们验算出答案是正确的。

这些学生之中只有祖冲之在动脑筋,在思考。他推来想去,用了假设兔子也是两只脚的一种大胆的设想,运用巧妙的推算,弄懂了其中的道理。

放学之后,祖冲之把自己的解答送到老师跟前讨教。那些平日里爱品头论足但又不学无术的学子们也围了过来凑热闹。老师眯起双眼,仔仔细细地看过之后连呼:"妙哉!妙哉!妙!妙!"

"这有什么可大惊小怪的,这个方法我们也会!"一个油头粉面、穿着入时的公子哥儿冷言说道。

"对呀!这没有什么了不起的!"又有几个公子哥儿附和着。

是的,科学中有些方法和道理,它的结论是朴素的、实在的。当第一个发现它的人将其叙述出来时,许多人也许会觉得它是那样简单、明了。

可是,在它们没有被发现之前,尽管你经常遇到它,感受它,甚至时常摸到它,然而成千上万的人,自古以来都说不出它们究竟是怎么一回事。可贵之处就在于这成千上万人中他是第一个发现者,更难得的是这是有史以来的第一次。

除了学习《九章算术》之外,祖冲之又找来《孙子算经》进行研读。从中他发现了很多有趣的数学问题,掌握一些巧妙的解题方法,学习许多新的数学知识。后来,他也发现老师讲的"鸡兔同笼"问题,原来也是出自这本书。

在研读过程中,祖冲之发现《孙子算经》比《九章算术》更有特点,它以实际应用为先,注意题目的计算方法,而且题目通俗有趣,解答巧妙简便。与此同时,祖冲之也对其中的有些题目给出新的、更为巧妙的解法。比如《孙子算经》中

有"荡杯"题：

> 有个妇人在河边洗碗。管理渡口的官吏问她："怎么洗这么多碗？"
>
> 妇人说："家里有客人。"
>
> 官吏又问："客人有多少？"
>
> 妇人说："2人用1个饭碗，3人用1个汤碗，4人用1个菜碗。现在共有碗65个，不知客人有多少？"

原书有一个解法，但祖冲之并没有因此而满足，他另外给出一个巧妙的解法。

有一天，老师教学生们圆周率，并说任何一个圆的周长都是圆直径的三倍。祖冲之心里觉得奇妙极了，晚上回到家，他还在琢磨这句话。"圆周是直径的三倍"这我可得去测量一下。

说干就干，第二天一大早，祖冲之就去翻妈妈的针线包找绳子。咦！妈妈的针线簸箩正好也是圆形的，我得量量，嘿！还真是差不多三倍呢。其实啊，这也是差不多而已，因为针线簸箩并没有那么规则。

过了一会儿，祖冲之又拿绳子去测量家里的碗啊、盆啊、桶啊。经过一系列的测量，他发现问题了。祖冲之发现圆周长似乎要比三个直径的长度还要长一点儿。他怀疑是不是自己的测量方法出了问题,或者是说这些测量的东西都不是正规的圆。

祖冲之一边想着,一边拿着绳子出了家门,他还边走边比画,伙伴们跟他打招呼他也没有察觉。过了一会儿,几个小顽童看见他一个人嘴里念念有词,双手还不停地在那里画圆圈,便嘻嘻哈哈地跟在他后面,准备看祖冲之的笑话。

祖冲之只顾着往前走,一辆运载着粮食的马车不紧不慢地走了过来。他被马车挡住了道,猛地惊醒过来。突然,祖冲之向前跑去,一把抓住马车的缰绳,大声吆喝道:"吁!"

赶车的老人吓了一跳,还以为出了什么事。只见祖冲之两眼亮晶晶地望着他说:"祖父,能让我量量您马车的轮子吗?"

老人同意了。祖冲之用绳子把车轮裹了一周,量出了圆周的周长。之后,他又把刚才那一段对折成三段,然后再去测量车轮的直径。结果千真万确,那个直径比三折之后的那一段要短一点儿! 这是怎么一回事呢? 祖冲之索性站在路边,又拦截了几辆车,测量了车轮的周长和直径,结果同之前是一样的。

祖冲之把马车一拦,可就出了"傻名"了。当然,大家后来都知道了,祖冲之不管学什么都有一股钻劲。

但是,圆的直径比1/3周长短的问题,始终萦绕在祖冲之的脑海里,这究竟是为什么呢?

祖父说:"要想创新,首先需要博学。古往今来的科学家,凡是有创新的人,没有一个人不是先钻研透了学科知识,而后才创新的。你如果要想搞清楚圆周率的问题,就去把所有关于圆周计算的历史资料先去钻研透,等钻研透了,再回过头来解释你想要弄清楚的问题。"

祖冲之记住了祖父的话,要想创新,首先需要博学。他埋头于古人的著作中,整天不停地演算,简直到了如醉如痴的程度。

在国子学读书,除了老师讲解的内容和研习数学之外,祖冲之还阅览天文,研究历法。

随着知识的增长,祖冲之渐渐地明白了儿时从祖父和祖母那儿听故事时所遇到的一些问题。他更加感谢祖父和祖母对他的启蒙教诲,他清楚地记得,他从祖父和祖母那儿学会了识别牛郎星、织女星、北斗星、启明星等,他还从他们那儿了解了银河、太阳、月亮,甚至日食和月食。

一个夏天的夜晚,祖冲之信手拿起一本白天刚刚借来的《鹖冠子》书翻阅着。当他看到书中关于北斗七星的一段记载,顿时精神百倍,书中写道:

斗柄指东,天下皆春。斗柄指南,天下皆夏。斗柄指西,天下皆秋。斗柄指北,天下皆冬。

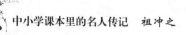

这些话使祖冲之想起儿时他也曾观察过北斗七星,也曾发现过它会翻跟头的现象,为此他曾经问过祖父,他不会忘记祖父对他的教诲和期望。

夜深了,没有一丝风,暑热让人有些透不过气来。祖冲之放下书本,慢步走出书房,来到天井之下,他抬头仰望夜空,只见繁星闪烁,周围寂静无声。

不经意间,祖冲之又看到了北斗七星,然而他突然感到十分奇怪,书上不是明明写着,夏天北斗斗柄指向南方吗,可现在北斗斗柄的指向有些偏西呢?

祖冲之急忙跑进屋去,搬了一张竹凉椅放在天井下,自己躺在椅子上仔细观察,这一宿他都没有合眼,不过他却获得一个意外的发现,原来北斗七星每天都在"翻跟头",到拂晓前,北斗七星的斗柄已经指向北了。

从此经过祖冲之很多年的观察,他终于弄清了下面的事实:《鹖冠子》上所写内容没错,只是不确切罢了,正确的结论应该为:

　　每天黄昏时观察:春天斗柄指东,夏天斗柄指南,秋天斗柄指西,冬天斗柄指北。

另外,北斗七星每天都会"翻一次跟头"。祖冲之将这个结论写在他那本厚厚的已密密麻麻记满许多问题的笔记

本上。

少年时代的祖冲之就是这样学习天文和数学知识的。雄厚的天文知识、扎实的数学基础和良好的学习作风，对于祖冲之以后的工作和研究起到了至关重要的作用。

进入华林学省

公元430年，孝武帝刘骏刚刚登基。

刘骏的生身母亲当年貌美被选入宫，拜为淑媛，后来因为年龄大了不再得宠，刘骏也随之不被父皇喜爱。

而四弟刘铄和七弟刘宏却被父皇视若珍宝。当父皇想要废太子刘劭而另立太子时，竟然没有考虑到在兄弟中排行老三的刘骏，反而倾向于立老四刘铄为太子！那个刘铄平时自负才气，根本不把三哥刘骏放在眼里。

后来，太子刘劭弑帝而自立为帝，刘骏率领大军以讨伐弑君、弑父的刘劭为名，平定祸乱，荣登皇帝的宝座。

刘骏自从做了皇帝之后，尝到了凌驾于万人之上，执掌生杀大权的滋味，感觉确实惬意得很。他为了巩固现有的地位，收罗了一些饱学之士，建立了华林学省。这是一个研究学术的地方。

由于祖冲之博学的名气早已尽人皆知，所以孝武帝决定

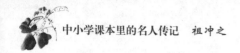

把他请到华林学省来。

有一天，祖冲之正在书房读书，突然听到外面人声嘈杂，书童跑进来说："公子，朝廷的钦差来府上传达皇帝的圣旨了！"

祖冲之抬起头来说："我说呢，这会儿怎么这么热闹呢！你知道是为什么事情而来呢？"

书童摇摇头说道："不知道，我只见老爷往前堂去了。"

还没等书童说完，就听见似乎有许多人朝书房走来。只看见父亲三步并作两步地跨进来说："冲儿，皇帝传下旨意让你去华林学省做事，快去随我接旨去！"

祖冲之更衣整冠急忙去堂前接旨。

"皇帝诏曰：祖冲之博学多才，封为'华林学省'学士。钦此。"旨官刚刚宣旨完毕，祖冲之为这意外的任命而欣喜若狂，他几乎忘记了礼仪。

祖冲之的欣喜不为名，不为利，更不为官，但华林学省这个皇家藏书、讲学和研究的院所，却是祖冲之梦寐以求的去处。祖冲之的想法异于其他官宦子弟，那些公子哥儿们到此供职，图的是安逸，为的是荣华，盼的是在外有个"学士"的好名称，再加上在此任职又颇得实惠。学士的薪俸很高，住房也比较宽敞。待遇当然也比较特殊，他们出入有专车，衣着也较华丽。

而祖冲之想去那里无非是做学问。他早就听说这个原本是皇家园林的学省，里面藏有大量的图书、资料、仪器和设备,学省里还有很多学识渊博的老学究,这正好便于他讨教先生和老师。

第二天一大早,祖冲之就起床匆匆用过早膳,直奔"华林学省"而来。

远远望去,那里楼台高峻,庭院清幽,高大朱红的门楼,两边蹲着两尊大石狮子,门楼上悬挂着一块大匾,上面写着"华林学省"四个金字。

祖冲之通报门人,进到院子里。只见小路是用雨花石砌成的,两边有朱红的栏杆,栏杆后面绿树掩映。院子非常宽敞,院墙周围绿水环绕,花木繁茂,苍松翠柏,柳嫩竹青。山石周围,种着芭蕉。小溪河水潺潺流云,水上有几座雕栏的白玉小桥。

"美哉!美哉!"祖冲之看到这种景象不禁感叹道。然而这些并不能使祖冲之陶醉,他朝思暮想的是那些浩瀚的藏书、丰富的资料和难得的导师。面对这一切,祖冲之准备在这知识的海洋里,纵情驰骋,去施展他的才华,探索科学的奥秘。

祖冲之每天都是来得最早,走得最晚。他不停地浏览古籍,查考档案,翻阅资料。

在所有的书籍文献中,丰富的天文资料是祖冲之最感兴趣的。天象观测与研究也是历代皇帝十分注重的事情,尽管其中不乏迷信色彩,但从客观上看,这时我国的天文研究,是

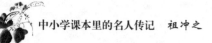

居于世界前列的。

远在周朝初年,人们就已经开始注意观测天象,且有关于流星、日食和月食的相关记载。到了西周时期,当时的人们已经把天上的星座划分为二十八宿。到了战国时期,人们弄懂了天上落下陨石的原因,并且记载了扫帚星,也就是彗星的出没。

这一切都使祖冲之大开眼界。祖冲之书读得越多,就越感到自己知识的匮乏。资料积累得越丰富,越感到自己基础薄弱。当然他也渐渐发觉,古人对于天文和历法的研究仍有许多不尽如人意的地方,修正它们是一件既困难而且又庞大的工程。

进入华林学省,祖冲之觉得已经开始创造属于自己的故事了,而故事的开头就是精彩而生动的场面。

有一天夜里,祖冲之把油灯的灯芯往高处拨了拨,他打开一本张衡所撰的有关圆周率的论述。当初在家时,祖冲之就对圆周率很感兴趣,但家中只有一本《周髀算经》,书中有"周三径一"的记载,即圆周率为3。

在华林学省,祖冲之看到了王莽时期刘歆所制的律嘉量所用的圆周率为3.1547和3.166这两个近似值。东汉著名的大科学家张衡则提出了10的平方根和92/29这两个近似值。这些,都比"周三径一"的说法大有进展。祖冲之越看越觉得过去所研究的东西都非常浅显,没有深度。此时他感到充实、愉快和幸福!

灯油耗尽,鸡啼声响了起来,祖冲之才搁下笔来,进入了梦乡。

正巧的是,祖冲之早就熟识的何承天就在这所最高学府里任博士,教授学生们天文和数学方面的一些知识。那些锦衣华服的官家子弟,看到这名又老又不修边幅的老头儿,一点儿也不懂得尊敬他,他们不是逃课,就是在课堂上补充因夜晚宴乐而没有睡够的觉。只有祖冲之,看到这个学术上令人尊敬的老前辈,心中一阵欣喜。

在华林学省里,祖冲之利用一切可以向老前辈请教的机会,老人看到当年的少年已经长大成人,而且又虚心好学,他也非常乐意地、毫无保留地向他传授毕生所学的知识。

在华林学省里,祖冲之就像一位修道的人,他视周围的繁华和风月如尘土。他系统地学习和巩固了我国古代的数学名著《九章算术》和《周髀算经》等,并且重温了勾股定理、开平方、开立方和解方程式等,这为日后计算圆周率打下了坚实的基础。

祖冲之在这一段时间里,学业突飞猛进,同时他还利用学省里的资源优势,阅读了大量前人的著作,印证前人的天文观测、数学定理等。他夜以继日地观星望日,简直进入了一种物我两忘的境界。

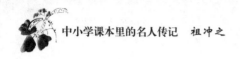

在南徐州的岁月

几年的研习,祖冲之在华林学省里学问有了很大长进。他对于数学、天文和历法的建树,在南朝的学者中间已经是屈指可数的了。教过他的老师都十分器重他,向他请教过问题的后生也都尊敬他,与他一起探讨知识的同龄人也比较佩服他。

正当祖冲之基础越来越雄厚,知识越来越丰硕,事业也将有所成就的时候,他却结束了"华林学省"八年的研究生涯。虽然令人惋惜,然而由于当时社会的制度,他不得不如此。

公元461年,襄阳王刘子鸾奉命到南徐州当刺史,由于他本人尚且年幼,并且自知才疏学浅,担心不能胜任,因而一心想找一名有才学的人辅佐自己。

挑来选去,刘子鸾看中了在"华林学省"里已经有些声望的学士祖冲之。尽管满身学士气息的祖冲之不愿意放弃自己刚刚入门的学术生涯,然而这一切他都身不由己。一纸调令,祖冲之只得含泪离开"华林学省",去南徐州出任从事史。

南徐州是个物产丰饶的地区,交通也比较方便。在这种环境下，是有利于祖冲之从事科学研究工作的。

祖冲之不管做什么事都非常认真，自从到了南徐州，他经常到各地办理公事，从事管理繁杂琐碎的行政事务。

有一天，祖冲之早早出了门。刚走了两个时辰，太阳在雾气中红得如同鲜血一样，显示出它今天要把行人晒焦的威力。

田里早该是插秧的时节了，可他看见还有不少的农夫仍在耙田，祖冲之不由感叹道："时令已经过去十多天了，农夫们才开始插秧，这样岂不是耽误了农时吗？"

祖冲之的心里默默地计算着，十多天前，他就观测出已经到了夏末。按道理人们应该提前抢收早稻，不失时机地抢种插秧，这样的话，现在小苗应该长出寸把高了。稻子的成熟期是 100 天，十多天就占了生长期的 1/8。现在人们才插秧，收成起码要减二成。

有一天，一个小差官跑来说："祖大人，襄阳王有急事找您！让您赶快过去。"

祖冲之最近几天接连跑了几个村庄，他亲眼看到一些孤寡老人身上没有御寒的衣物，家中也没有多余的粮食，祖冲之心中感到十分烦闷。昨天下午到家，他本来就很疲劳，应该美美地睡上一觉。可是刚闭上眼睛，那可怜的百姓企盼的眼神，便不停地浮现在他的眼前。

有一位年近 50 岁的老头儿，儿子应征，死在了战乱中，家中只剩下儿媳妇和老伴。去年因为节气不准,种下的粮食收成不好,还要偿还大量的债务,大户人家的量器竟然将他们家收的粮食全部装进去还不够,无可奈何他们只得将儿媳妇押给人家做用人。近来老伴又生病了,已经奄奄一息,可是家中却没有一粒米。

祖冲之想:百姓其实是最容易满足的,他们只要有衣服穿,有饭吃就会感动得五体投地,就会高呼万岁!可是,就这么一点点儿要求都满足不了!我还有何脸面做官呢?

焦躁和烦恼扰乱了祖冲之的心。他不停地翻着身,辗转反侧难以入睡。他猛然地意识到致使这些百姓穷困潦倒的原因是节气的误差,如果他们能够有一个准确的历法,那百姓就可以按节令播种收割,日子就会好过一些了。

祖冲之又想:大户人家的量器怎么能将一年的收成都装了去呢?听老人说他在家估算能有十斗,可是到了大户人家一称却还不到八斗。如此说来他们所用的量器也不准。

清早起来,祖冲之深深地嘘了一口气,他睁大眼睛,怅惘地看着那一轮刚从浮云中露出脸来的太阳。他觉得头有些晕眩,便用冷水洗了洗脸,稍微好了一些。但他仍然感到很烦躁,赤着脚在房里来回踱着步。

接到襄阳王的命令,祖冲之立刻赶到衙门。

襄阳王刘子鸾见到祖冲之,就像见了救星似的,热情地说:"辛苦了!近日又跑了几个乡呀?"

祖冲之没有直接回答襄阳王的问话，他见襄阳王今日满面春风，便乘势说："下官辛苦点儿是尽责，只是百姓太苦了……"

还没等祖冲之说完，刘子鸾就说："我找你是有大事相商。父皇要驾临此处游览，你我该怎样接驾呢？"

祖冲之看出襄阳王刘子鸾年龄还小，无心关怀百姓们的疾苦，此时说这些也没有作用，只得迎合着说："大王有什么吩咐尽管说，下官一定尽心尽力去办。"

"你同我一起去附近的名胜看看如何呢？"

"遵命！"

于是，他们带着几个随从，来到了城东北江滨的北固山上。那里四周是黛绿的群山，正在迎接鲜丽的朝阳。这座山北面临着长江，山势比较陡峭，而且十分险固，所以名叫北固山。早晨的霞光，点染在江那面的峰尖上，慢慢地移到山脚。山脚下的林丛，江边的草莽，也渐渐在晨光中清晰地绘了出来。

他们登上山顶，向北能看到长江壮丽的景色。北固山就如同半岛伸入江中一样，三面临水，气势非常雄伟。只见云外远处的山上碧绿如涛，江水在山脚下翻滚着银色的浪花，远处的江面飞起了几行鸥鹭。

祖冲之指着远处说："这就是北固山的后峰，上面有一座甘露寺。寺前有一座清晖亭，寺后还有很多景楼。这里还有一个传说,说的是三国时刘备在东吴招亲的故事。瞧,这就是狠石,那边那块是试剑石,再往前走还有走马涧。"

刘子鸾大开眼界,他欣慰地说:"本王在此地为官多年,竟然不曾知道南徐州还有这样好的地方哩!真是遗憾啊!看来,父皇一定是知道此处,不然,怎么可能想起驾临南徐州呢?我还一直琢磨不透其中的缘由,以为父皇要来此地,会有什么不祥之兆呢!今日我算是明白了。"

祖冲之继续介绍说:"大王还没有看完呢。临江石壁下还有观音洞以及'云房风窟'和'勒马'等石刻呢。"

刘子鸾看了更是赞不绝口。

下午,他们叫来一条帆船,众人坐上,慢慢划开去。北固山上树木郁郁苍苍,山坡上绿茵似锦,盛开着争奇斗艳的鲜花,就如同一大片翡翠上镶着各式各样的奇异宝石。

划着,划着,突然下起雨来,天空顿时乌云密布,几个侍从连忙为他们撑起了伞盖。他们正要进舱里避雨,忽听有人喊:"撒下网去,准能成功,我在深处下网啊!李大头,你在岸上下网!"

祖冲之看到这个情景,他没有进舱,而是伫立在甲板上,目不转睛地看着那个叫李大头的渔夫。只见他用脚试探着江底,直到腰部全都浸泡在水里。波浪像鞭子一样,向他脸上和他那紧眯起来的眼睛上不住地打着。渔网像球一样,膨胀起来。

李大头两脚有些站不稳了,水流猛烈地向江中心冲去,把人往水里吸。李大头使劲地用右手划到岸边来,祖冲之这才松了一口气。他一直为那个不相识的李大头担心着。

此时,祖冲之那颗悬着的心才算落了下来。一个差役在旁催促道:"大人您还是进舱吧。"

祖冲之就像没听到一样说:"这真是太危险了!渔夫在江上作业实在不易呀!"

差役听了也有同感,他深知祖冲之平日里非常关心百姓的疾苦,便毫不掩饰地说:"祖大人整日办理一些繁杂琐碎的行政事务,刺史大人非常器重您,南徐州是个物产丰饶的地方,交通也比较便利。按理说,百姓生活应该很富足才是,不必冒如此大的风险。可是,事实却偏偏适得其反,不知是什么原因?"

祖冲之连连点头说:"所言极是,此地的确是个宝地,只是百姓耕作不符合时令,所以庄稼的长势不好。"

差役没有明白祖冲之的意思,便又问:"大人之言,小人有些不明白,大人可否明示呢?"

祖冲之微笑着说:"春天应该种地的时候,却没有种上。当春风来临的时候,农民才播种,此时已经失去了农时,庄稼长势怎么可能会好呢?"

差役这才恍然大悟地说道:"我明白大人的意思了。在春风来临之前就要把种子播种到地里,当春风来临的时候,

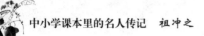

就已经长出小苗了。小苗会借着春风长得更快，风越吹，小苗长得越壮，这就叫赶上了时令。"

祖冲之点了点头说："对！庄稼的生长与时令的关系非常密切，它离开了适应它生长的条件与环境是无法生存的。"

差役听了似懂非懂，但是他明白了祖冲之所说的中心意思。接着他不解地问道："可是，百姓怎么会懂得这些学问呢？这些事情本来就应该由朝廷出告示。老百姓哪个敢不听朝廷的呢？"

祖冲之若有所思地说："你说的有道理啊！当今百姓就是按照朝廷颁布的历法来播种的。"

差役听了不解地问："难道是朝廷的历法不准吗？"

祖冲之点头说："正是。"

差役看了看祖冲之说："大人既然知道朝廷的历法已经过时了，为什么不上报朝廷呢？"

祖冲之摇摇头说："谈何容易呀！"

差役在衙门里做事多年，他也知道些吃皇粮的苦衷，于是也就不再问了。他默默地站在祖冲之的身后，他知道眼前的大人是个能为人民做好事的官，只是官职太小，说了也不算数啊！

祖冲之自从做了从事之后，就经常到民间办理各种事务。他亲眼看到农民辛勤劳作，辛苦一年，却因节气不准而前功尽弃。于是,他下定决心改革历法,无论遇到什么样的艰难险阻,他都要义不容辞地坚持历法改革。

潜心修改历法

什么叫历法呢? 历法就是推算年、月、日和节气的方法。历法中的节气与农业生产关系极大,我们的祖先很早就把一年中的二十四节气运用于播种、插秧和收割等农业活动中去。

"清明下种,谷雨插秧"等一些民间谚语,就是祖先们在生产活动中总结出来的。至今,我们所用的农历也还保留着这二十四节气。在祖冲之以前,天文历法在我国就已经有了很长的发展历史,并且取得了多项在当时世界上遥遥领先的研究成果。早在公元前21世纪到公元8世纪的夏、商和西周时期,随着农业生产地不断发展,人们越来越注意天象气候的变化,从长期的观察中,总结出了不少的天文知识,并且制定出了历法。

相传在远古时代就已经制定出我国历史上最早的一部历法,即《黄帝历》。到了夏朝,又制定出以阴历正月为岁首的《夏历》,这就是现代阴历的起源。

到了商、周时期,为了适应农业生产发展的需要,人们又开始使用阴阳合历,分别以阴历十二月与阳历十一月为岁首。同时商、周时期对天象的观测也有了不少成果。例如,在商代就已经发现了日食和月食现象,甲骨文中已经有关于日食和月食的记录。

西周时期,人们已经注意到天体运行和星座位置的变化,对一些星座开始命名,并发明了岁星纪年法和二十八宿观测法等对历法改进的方法。

进入春秋战国时期,随着生产的迅速发展,天文历法也有了较大的进步。春秋时期,在观测恒星、彗星和日月食方面取得了不少新的成就,例如,当时记载下了世界上最早的关于哈雷彗星的记录;对夏至和冬至时间的观测也较为准确,而且基本上区分了二十四节气。

到了战国时期,开始出现一些专门研究星象运行的学者,其中最著名的是甘德和石申,他们各自写了一部天文学的著作,被后人合称为《甘石星经》,这本书中记录了金、木、水、火、土五大行星出没的规律,还详细地记录了赤道附近恒星的位置以及距离北极点的度数,这就是世界上最早的恒星表。到了秦汉时期,随着封建经济的进一步发展,科学文化事业更加繁荣昌盛,其中与农业生产有着密切联系的天文历法更为突出了。西汉司马迁著的《史记》和东汉班固的《汉书》两部著名史书中,就有专门记录星象和历法的《天官书》《天文志》《律历志》。杰出的天文学家张衡发明了浑天仪和地动仪,并且著有天文学专著《灵宪》一书。

在历法方面,秦始皇统一了六国之后,发现春秋战国时期的历法有些混乱,于是他命人重新编造新的历法,并且统一历法。以阴历十月为岁首,称为《颛顼历》。汉初沿用了秦制,也使用《颛顼历》。

到了汉武帝年间,大夫公孙卿、太史令司马迁等上书汉武帝,认为秦朝历法不够精确,与实际天象并不一致,在历法上不应该出现月亮的时候,月亮却高高地挂在天空中,而应当看见月亮的时候却反而瞧不见它,武帝于是就命令他们几人另造新历。

新的历法以正月为岁首,于公元前104年宣布实行,在全国范围内使用,这就是《太初历》。《太初历》沿用了188年,到了东汉章帝时,由于《太初历》与天象相差得越来越明显,章帝下诏命令李梵等人对历法加以修改,修改后的新历法被称为《四分历》。到了南北朝时期的宋文帝元嘉年间,就是公元424至453年,著名天文学家何承天通过多年的天象观测与实际研究,发现了当时所用的历法不够精确,已经不符合当时的天象了。比如,冬至的实际日期已经和历法所载日期差了三天。于是他上报朝廷,被受命制造新的历法。公元445年,新历经皇帝下令颁布实行,命名为《元嘉历》。

通过对前人优秀成果的研究,祖冲之的眼界变得更开阔,他的认识也随之提高了。但是,祖冲之明白,只依靠前人留下的东西进行研究是远远不够的。于是他开始重视实践,走到大自然中去,在实践中获取知识,从实践中检验所学的天文历法理论的正确性。为了制定新的历法,祖冲之必须进行天文观测,而天文观测的一个重要环节就是测量日影的长度。祖冲之测量日影所用的仪器叫作表。方法是用铜制的标杆,垂直于地面上,记录铜表在正午时的日影长度。

这些看起来很简单,实际上是一项细致而烦琐的工作,观察者需要有很大的耐心才能坚持下去。祖冲之进行观测记录坚持了十多年之久,从而他对铜表这种仪器有了更加深刻的认识,他说:"我测量日影长度坚持了很多年,我亲自辨别日影长短,铜表十分坚硬,日晒雨淋也从不会变形,而且表影分明,在进行观测时,它的影子长度能够辨别得很清楚。"祖冲之用这种方法成年累月地测量日影,虽然特别辛苦,但为了实现制定新历法的梦想,他从来没有说过放弃。

公元461年的冬天,为了确定冬至时间,祖冲之一连40多天,不畏寒冷连续观测,用八尺高的铜表测量,再经过复杂的计算,才确定了那年冬至的时间是在阴历十一月三日。靠着这种连续测量的方法,祖冲之顶着酷暑,冒着严寒,最终测定了一年中二十四节气的正午日影长度。

在测量时,如果方位不准就会影响到其他测量的准确性。为了准确地认识天体运动规律和测定相应的时间,就需要测定准确的方位。

为了解决这个问题,祖冲之把五个铜表同时立于地面,先立南表,在正午太阳照射的表影末端立中表;再立北表于中表的北边,让中表和北表的末端都与天空北极星的方向对直。

在春分或秋分的时候立下第四表与第五表。在春分和秋分太阳刚露出地平线一半时,他把第四表立在中表的东边,叫作东表,并使中表、东表和太阳的位置处于同一条直线上。

在春分和秋分太阳隐入地平线时把第五表立在中表的西边,称之为西表,并使中表、西表与此时的太阳位置处于同一条直线上。五表全部立完之后,还要进行校正。

最后,连接南、中和北三表的直线就是指向南北方向;连接东、中和西三表的直线指向的就是东西方向。这时把中表所在的位置称为“地中”。祖冲之通过亲自实践,积累了丰富的第一手资料,这为他以后对于历法的研究打下了坚实的基础。经过反复研究和不断的实际观测,祖冲之发现古代11家历法或多或少都有一些错误,都有推算不够精密的毛病。而在当时,刘宋政府采用的历法就是何承天编制的《元嘉历》。

祖冲之认为《元嘉历》比以前的历法都好,同时他也发现这部历法中也存在不少缺点和错误。他指出由于《元嘉历》在推算日月等五个天体所在的位置上有差错,因而推算出来的节气和所设的闰月都不够精确。于是,祖冲之下决心要制定一部更好的、更符合自然实际的新历法。经过长期的准备和观测,有一天,祖冲之的心里非常激动,他拿出毛笔,写下了"大明历"这几个字。撰写工作从此便开始了,祖冲之又投入到繁忙的工作中,但他一点儿也没有感觉到累。相反,他觉得很兴奋,因为科研成果马上就要在他手中诞生了。

《大明历》在天文历法上有很多重大的突破。首先,祖冲之把岁差引入了历法中。岁差是指春分点在黄道上的西移。由于日、月和行星的吸引,地球自转轴的方向会发生缓慢而微小的变化,因此从这一年的春分到下一年的春分,从地球上来看,太阳并没有回到原来的位置,而是逐渐向西移动,因此春分点也在移动,随着春分点的移动,所以二十四个节气的位置也在相应地发生变化。

但是,在公元4世纪以前,我国还没有人发现岁差的现象,天文观测者和历法制定者都认为太阳从头一年的冬至日到下一年的冬至运行一周,正好是一周年。也就是说,那时人们认为每年的冬至,太阳又回到原来出发的位置上了。

直到东晋的时候,有一位天文学家虞喜,他一生不愿做官求禄,投入全部的精力献身于天文学,长期坚持天文观测。

他把自己的观测记录和古代记录下来的日月星辰的位置,尤其是冬至日的位置进行了仔细的比较,结果发现了古今的不同。太阳从前一年的冬至到下一年的冬至,其实并没有回到原来的位置上。

岁差是我国天文学史上一项重要的发现。虞喜通过观测和详细的计算,求出岁差的值每50年就会向西移动一度,这个结果虽然比实际大了一些,但这是我国天文学史上的第一个岁差值。岁差的发现对于历法的改革有着十分重大意义,可是在岁差发现后的100多年里,研究历法的人都没有将其重视起来,何承天制定《元嘉历》时也没有引入这项成果,因而在改革历法上并没有能取得大的成效。

祖冲之是把岁差引入历法的第一人。他根据自己实际测验和计算的结果,证实了岁差现象的存在。在编制《大明历》时,他把岁差引进到了历法中去。这是我国历法最早对岁差的应用,它在我国历法史上有着划时代的意义。由于历法中考虑了岁差,回归年和恒星年才有了区别。回归年是太阳连续两次经过春分点时所需要的时间,也叫太阳年,也就是我们在日常生活中所说的"年"。

恒星年是太阳连续两次经过某一恒星位置时所需要的时间,也就是地球绕太阳公转的一个真正的周期。现代计算表明,回归年要比恒星年少20分23秒。

祖冲之当时也注意到了回归年和恒星年的区别,经过实测和计算,他求出了这两种"年"的日数,并且非常精确地测出了一个回归年的天数是 365.24281481 天。现代天文学所测得的一回归年为 365.24219879 天,祖冲之的计算结果和这个数字只相差了 50 秒,也就是一年之中仅有六十万分之一的误差。《大明历》还修改了闰法。远古时代的人们,由于畜牧业和农业生产的需要,经过长期观察,总结出一些经验,发现了日月运行的某些基本规律。我国人民早在 4000 多年前就根据这种规律和月相的变化制定了阴历和阳历两种历法。

当时所使用的闰法是 19 年 7 闰,即 19 个阴历年中加 7 个闰月,并把这 19 个阴历年叫作一"章岁"。这种闰法在当时是一种创造。但 19 年 7 闰的历法并不够精确和完善,经过 200 年就会多出一天,这将会影响到历法中的其他数据。何承天编制的《元嘉历》仍然用的是 19 年 7 闰的旧闰法。过了整整半个世纪,祖冲之不畏旧章法的束缚,他彻底打破了沿用近千年的 19 年 7 闰的历法。他根据自己长期的实际观测,在《大明历》中将闰法改为 391 年中加设 144 个闰月,以此来解决旧章法闰数过多的问题。

祖冲之改革闰法,破除章岁的行动,在科学界产生了很大的影响。后来研究历法的人总要讨论闰法的问题,改革闰法也就成为了之后改革历法的主要内容之一。祖冲之以后,19 年 7 闰的旧闰法被彻底废弃。这是祖冲之在历法改革中一项重大的贡献。祖冲之在制定《大明历》时,不仅做了上述两项重大的改革,在其他方面也取得了出色的成就。比如在历法计算中他第一次引入了交点月的概念。

所谓交点月,是月亮沿着白道运行的时候,过一个黄白交点环行一周所用的时间。他推算出一交点月是27.21223天,和现代数据相差不到一秒钟。

由于日食和月食都发生在黄白交点附近,所以准确求得交点月,就能精确地预测日食和月食。例如用《大明历》推算从元嘉十三年到大明三年,就是公元436至459年,这23年中所发生的四次月食和月亮在天空的位置与时间,都与当时实际情况完全符合。祖冲之还精确地计算出了木星的运行周期。我们知道太阳系有八大行星,水星、金星、火星、木星、土星、天王星、海王星以及我们人类生存的地球。按照距离太阳远近的次序,地球排在第三位,处于金星和火星之间。

而在古代,由于观测水平的限制,只发现了距地球最近的五颗行星,即水星、金星、火星、木星、土星。又因为古代天文观测都是以地球为宇宙中心的错误宇宙观,所以当时的人们认为这五颗行星都是围绕着地球在运转的。我国古代人民很早就对五大行星进行了观测和研究,并给它们起了专门的名称,比如把金星叫"太白",土星叫"镇星",木星叫"岁星",等等,此外还发现了它们的运行规律。

古代从西周开始使用岁星纪年法,由于当时发现木星运行一周所需要的时间为 12 年,于是把它的轨道分为相等的 12 段,每一段称为一"辰",也就是一年。由于重要星座大都位于黄道附近,所以将黄道也分为 12 段,与木星运行的轨道相对应,这样就便于天文观测和纪年,所以木星又名"岁星"。但实际上木星的公转周期并不是恰好是 12 年。西汉时期,汉武帝从民间调了一批天文学家到朝廷研究历法,在公元前 104 年编出著名的《太初历》,其中对木星运行周期为 12 年的古法进行了更正。

《太初历》认为每 144 年木星就要超辰一次,即木星实际上多走了一辰,辰的时间比年要短一些。这个结果虽不精确,但却是重大的发现,被称为"超辰法"。

祖冲之在制定《大明历》时,发现《太初历》"超辰法"的计算结果也不够精密,因此他又重新进行了测定和研究。他计算的结果是只要 84 年,木星就超辰一次,即 84 年间应有 85 辰。按照这个数值推算,木星公转的时间应该是 11.859 年,这与现在测定的数值相比较已经十分接近了。

祖冲之同时也对另外四颗行星的公转周期进行了研究。他所测得的水星公转周期是 115.83 天,这与现代所测的结果完全一样。金星的公转周期为 583.93 天,与现代所测结果相比仅差 0.01 天。完成《大明历》之后,经过仔细的检查和修改,祖冲之相信这部历法是成功的。于是一个迫切的愿望就浮上了他的心头,他希望这部好的历法能够尽快地造福于百姓。为此,祖冲之给当朝的皇帝写了《上〈大明历〉表》,请求皇帝下令让全国实施这个新的历法。那一年,祖冲之仅仅只有 33 岁。

奋勇抗争权贵

有一天晚上,一轮满月高高地挂在空中。离皇宫大院不远处的戴法兴宅邸,门口红灯高照,石狮子披红挂彩,门前车水马龙。

原来这一日正是戴法兴 45 寿辰,满朝文武都去捧场祝贺。祖冲之经过几番推演,心头便有了主意,也加入了祝寿人的行列中。唱过名帖之后,权臣戴法兴亲自出门来迎接了。

戴法兴虽然反对祖冲之的新历法,但是他还是以名流来贺为荣。宴席上宾主都比较欢愉。忽然,仆人慌乱来报:"老爷,不好了! 今晚有谣传,说有月食。"

古代人认为月食预示着灾难。听到这一番话,戴夫人气急败坏地就赏了仆人一记耳光,仆人连忙跪地求饶道:"不是奴才有意在老爷寿辰的宴席上胡说,是外面贴有告示。"戴法兴闻言满脸杀气。

祖冲之从容站起来说道:"正是在下贴的告示。"

　　戴法兴眼里杀气更盛了。虽然祖冲之名望很大，但是他在自己寿诞喜庆的日子里，怎么能够容忍有人说出这等凶灾之事呢？他嘴里冷冷地蹦出几句柔中带刺的话来："文远老弟，圣人尚且敬畏上天，你我都是凡人，你怎么敢如此胆大妄为，说你知道天灾降临的时间呢？你就不怕被上天降罪吗？"（祖冲之，字文远。）

　　祖冲之先是向戴法兴请罪，然后又细细地说起来："日月星辰都有自己运行的轨迹，今天正是望日，太阳、地球和月亮正好连成一条线，月亮被地球遮住了，就可能会出现月食现象。"

　　戴法兴说："月月都有望日，为什么不是月月都有月食呢？"今天凑巧遇上戴法兴的寿宴，祖冲之便借机向人们宣讲月食，好破除迷信。

　　祖冲之干脆坐了下来，面对宾客说道："我们知道，月亮本身并不会发光，它反射的是太阳的光辉。当月亮转到了太阳和地球中间位置的时候，如果月亮的阴暗面正对着地球，那么我们在地球上看到的月亮就是黑暗一片，此时就是初一和三十。等月亮转到地球另一侧的时候，月亮的反射面正对着地球，那么我们在地球上就能看到圆圆的月亮，这就是十五。"

　　祖冲之接着说："当地球处于太阳和月亮之间的时候，又因为地球运行的轨道与月亮运行的轨道不在同一个平面上，也就是说两个平面会构成一个夹角,这样太阳、地球和月亮三星只能是大致在一条线上,这个夹角就可能会导致月食。不过这种月食要很多年才会出现一次。我在前段时间,正好对月亮、地球和太阳的运行轨道做了一次精确的计算,算出今天应该会有月食出现。"

祖冲之的一席话如同晴空惊雷,宾客中有人开始暗暗点头,议论纷纷。他们觉得祖冲之精通数学和天文,性格严谨且务实,观察运算极为精细,他今天敢在满座宾客面前预言月食,应该不是妄言。

戴法兴无法堵住宾客们的嘴,就凶狠地撂下话:"如果今天没有月食出现,可别怨我戴某人不仁义!"

祖冲之朗声说道:"如果没有出现月食,在下愿请戴公降罪!"

只一会儿的工夫,就听到有人惊呼:"天狗吃月啦!"满座宾客都拥到窗前,只见那夜空中大大的满月,一点点地没入黑影之中,渐渐地从圆形变成一弯钩形,如同初一初二的月亮,光影暗淡。

戴法兴惊得目瞪口呆,戴夫人赶忙焚香祷告,带着家人轰"天狗"。一会儿的工夫,月亮又一点点地还原成了一轮满月。

这一次智斗,为祖冲之颁布和推广新的《大明历》起了很好的铺垫和宣传作用。

在封建社会,改革历法向来被认为是一件大事。颁行新的历法也是封建帝王特有的权力。按照惯例,改颁新的历法,往往是在朝代更迭或是国家遇到大事之际。

可见,"无端"改颁新历法,实在是一件极其困难的事情,结果事实果真如此。

祖冲之上表之书呈递上去之后,很久都没有音信。原因是,新历法遭受到了一些保守势力的无理攻击,其中为首的是南台侍御史兼中书通事舍人戴法兴。他凭借自己是当朝宠臣,在皇帝面前极尽谗言之能事,攻击新历法。

戴法兴原本是一个出身寒微的小吏,他凭借着自己的钻营和投机之术,一步一步地爬上朝廷宠臣的位置。对上他奴颜婢膝,对下他飞扬跋扈。手下又笼络了不少党羽,朝中大臣大都十分惧怕他。

当朝皇帝刘骏刚登基的时候,为了笼络人心,许多事情上他都做做样子。为了显示他对祖冲之改革历法的重视,皇帝想出了一个省事的办法,从朝廷的官员里找了两个懂点行的人,当朝进行答辩,是非曲直由出场的官员来评判。答辩的那一天,朝廷的文武官员来了不少,皇帝端坐在正中间,主持答辩的两个人分别是朝廷的中书舍人巢尚之和南台侍御史兼中书通事舍人戴法兴。人到齐了,皇帝宣布祖冲之上朝。祖冲之上朝之后,面对满朝文武百官,他不慌不忙,侃侃而谈,谈到自己改革历法的想法由来,谈到自己为改革历法所做出的努力,更谈到新历法的优点。正当他谈在兴头上时,突然,戴法兴站了出来,打断了祖冲之的话,他蛮横地说:"够了!我看《元嘉历》挺好的,没有改革的必要!"

对于戴法兴的反对,祖冲之事先早就有准备,因为戴法兴是当朝的宠臣。他虽然不是皇帝,但他却掌握着国家的大权,在京城里早就以霸道出了名。再加上他认为自己小有才气,就更不肯在别人面前服输了。于是一场激烈的舌战,就在祖冲之和戴法兴之间展开了。戴法兴打断了祖冲之的话之后,接着说:"我看太阳和地球的运动,有时快,有时慢,是没有规律可循的,不管用什么历法都一样。既然古人已经创造了'章岁法',这么多年我们都沿用下来了,并没有什么不合适的地方,我看就没有必要改了吧?"

祖冲之听了微微一笑,他反驳道:"地球的运动的确时快时慢,但是,据我多年的观测,这种运动也是有一定规律的,这是事实。"

"哼!我说你可别把自己当成神了!"戴法兴讽刺地说。

"我是一个再平凡不过的人。说起来,我有很多地方与你比起来还差得很远。但是,改'章岁法'并不是我一时心血来潮,这个想法是我经过严密的推算和十多年实地观测为基础的。否则,我祖冲之就算有熊心豹子胆,也不敢在朝廷上要求这样做啊!"祖冲之理直气壮地反驳着。

"你放肆!"戴法兴急了,"历法是古人留下来的。它代表着上天的意志，不是你小小的祖冲之说改就能改得了的，我看你还是死了这条心吧！"

就在他们两个人争得不可开交的时候，皇帝坐在那儿一言不发。满朝文武也都害怕得不敢作声。同情祖冲之的人，暗暗地为他捏了一把汗，心想：祖冲之，你就先认输吧！好汉不吃眼前亏，改历法是小事，你今后的前途可是大事啊！你得罪了戴法兴，将来你的日子还会好过吗？祖冲之对戴法兴的权势十分了解，他更明白得罪了戴法兴，后果将会多么严重。但是，追求真理的坚定信念还是压倒了他对权贵的惧怕。当辩论进行到最激烈的时候，祖冲之仍能沉着应战。

听完了戴法兴那番昏话之后，祖冲之又和颜悦色地开口了："大人，我早就听说过，你不但熟悉典故，并且能写文章，而且精通历法。今天能亲耳聆听你的高论，真是三生有幸啊！我虽然没有你那样丰富的学识，但是，在天文学上却也花了多年的功夫。如果说，我这十年的努力都不值一分钱，那么，你那种建立在主观判断上的理论就真的那么让人信服吗？"

祖冲之这番绵里藏针的话，说得戴法兴无法辩驳，他只从牙缝里挤出两个字来："狂妄！"

祖冲之这时已经全然不在乎这位权贵的恼怒，继续顺着自己的思路滔滔不绝地说了起来："过去的历法确实有它的优点，否则它就不会存在这么长。但是，你知道，任何事物都是有规律可循的,如果不去想办法寻找它们,这样既对不起祖先,也对不起后人。我想,你该不会愿意让子孙耻笑我们这辈人的无能吧?"祖冲之这一席话说得在场大臣纷纷点头。很多大臣开始在下面交头接耳地议论了。

戴法兴看到自己在众人面前遭到这样的反驳,不由得怒火中烧。他暴跳如雷,大声吼道:"不管你怎样吹嘘你的《大明历》,也别想让我信服你的那一套,我就是通不过!"说罢他拂袖而去,空气一下子凝固了,宫殿上一点儿声音也没有,大臣们一时间也不知该如何是好了。

皇帝见事情发展到了这种地步,也不知道怎么办才好,求救似的把眼睛转向另一个主持答辩的官员巢尚之那里。巢尚之从心眼里欣赏祖冲之,欣赏他那种敢于坚持真理的精神,欣赏他不畏权贵的气魄。更何况祖冲之的才学又是那么出众,答辩得又是那样精彩。

见皇帝征求自己的意见,巢尚之说:"启禀皇上,臣认为祖冲之的《大明历》是有根有据的。而且,比起古人的历法来,新历法确实有许多先进的地方。那些进步祖冲之已经说得很清楚了,我这里要说的只是一个事实。那就是,在这次答辩之前,祖冲之已经运用《大明历》计算过之前23年间的日食和月食发生情况。结果,每次计算都与实际情况完全符合,难道这还不足以说明新历法的确有它的好处吗?祖冲之年轻气盛,言语上难免有些激烈之处得罪了戴大人。但是,他想请求皇上下令施行《大明历》，不也是为国家、为百姓着想吗？"

听巢尚之说完了这番话，站在一边的官员们纷纷点头称是。皇帝看到这种情况，心里也就默许了。但是，他嘴里却说："今天的辩论先到这里，朕再考虑考虑。祖冲之，你回去把驳戴大人的理由写出来，等朕看了再做决定。退朝！"

祖冲之回到家中，闷闷不乐，他为自己十多年的心血一日间付诸东流而惋惜，也为当朝天子不明是非，偏信宠臣而伤心。不过，值得安慰的是，朝廷上的辩论，他以道理说服了在场的诸位大臣，乃至皇上。"难啊！"祖冲之仰天长叹道。

到了晚上，祖冲之难以安睡。只要他一闭上眼睛，朝中辩论的场面就会浮现在眼前，他对戴法兴的言辞，不仅不惧怕，反而觉得好笑。然而这新历法却不能白白地葬送在这伙不学无术之徒的手中，他要抗争，要伸张！

想到这里，祖冲之急忙起身铺好纸张，拿起毛笔，饱蘸墨汁，奋笔疾书地写下了《驳议》，即《辩戴法兴难新历》这篇著名的文章。之后，祖冲之又将文章上表给武帝，但愿皇上阅览之后能回心转意。

这篇文章送给皇帝后，经过祖冲之的几次催促，以及以巢尚之为首的大臣们的几番说服，最后，皇帝决定于公元465年，在改换年号的同时，改行《大明历》。这个消息传来，祖冲之高兴得眼泪都要流下来。他觉得自己这十年来辛辛苦苦的观测和研究总算没有白费，自己总算做出了点有利于后人的事情。祖冲之这个搞学问的最大的希望马上就要实现了，他怎么可能不兴奋呢？但是，好事多磨，正当祖冲之沉浸在喜悦中，准备更加发奋钻研再创新的成果时，宋孝武帝刘骏突然病死了。那时正是公元464年的5月，开始实行《大明历》仅仅只有一年的时间。宋孝武帝的尸骨未寒，一场争权夺位的激烈斗争就在继承者们之间展开了。

在这种形势下，哪里还有人顾得上过问实施新历法的事情呢？就这样，《大明历》被打入了冷宫，直到18年之后才又被人重新提起。那是齐武帝萧赜当政时期，他的儿子萧长懋看到《大明历》，觉得比现行的历法要好，就要求父王批准实施。

但是建议提出后不久，太子和齐武帝两个人就相继去世了。实施《大明历》的事情又被搁置下来。这个时候祖冲之已经51岁了，他仍没有看到实施自己历法的希望。公元510年，祖冲之的儿子祖暅又提议实行《大明历》。经过其他学者们的实测和推荐，建议终于得到了当朝皇帝萧衍的批准。《大明历》实施以后，效果特别好，因此它在南朝境内一直被沿用了80年之久。可是《大明历》实施时，祖冲之已经长眠于地下十多年了。

娄县县令

推算圆周率

公元 464 年,宋孝武帝刘骏病逝,前废帝刘子业重新登上皇位。为了清洗刘骏遗党,铲除威胁自己皇位的隐患,刘子业首先罢免了民愤极大的戴法兴,并赐死了他,这一做法颇得百姓们的拥戴。因为此案可谓是为人民除了一大害。

祖冲之本想借此机会向圣上进表,盼望能颁行《大明历》。然而不久刘子业被诛,皇位由刘彧夺得,当时称为宋明帝。这样一来,颁行新历法的愿望又破灭了。就在这年,祖冲之被调任娄县县令。

通过《大明历》这场风波,祖冲之已经看到朝廷对科学的不重视。他感觉到,如果自己还不改变研究方向,那么自己将面临更大的困难。那时祖冲之才 36 岁,今后该干些什么呢? 他整天想来想去。

天文学的道路暂时行不通,那数学如何呢? 天文学和数学有着相当密切的关系。祖冲之在修订《大明历》的过程中,曾经接触到大量的数学问题。

比如圆周率的问题,在实际工作中祖冲之就经常遇到。因为圆形在生活中、天文历法中以及土木建筑等领域的运用十分普遍,凡是一切牵涉圆的计算问题,都必须使用到圆周率。所以如何正确地、精确地求出圆周率的数值,便成为世界数学史上的一个重要课题。

求圆周率的数值从古到今都是一个非常重要的研究课题。对于数学家来说,进行初步的运算并不难,难就难在一步步深入,难在计算工具的简陋和计算强度。

什么是圆周率呢? 圆周周长和直径的比值就是圆周率。这个圆周率是一个常数,现代数学中用希腊字母"π"来表示。

有一次,夜很深了,桌上的油灯已经加了两次油。祖冲之的书桌上堆放着已经看完的《周髀算经》竹简和张衡的《灵宪》竹简。祖冲之正在阅读刘徽所注释的《九章算术》,书中介绍了刘徽在学习古人成果广泛实践的基础上,用"割圆术"和极限观念来计算圆周率的方法。祖冲之非常佩服,不禁拍起了桌子,连声称赞:"真了不起!"

在一旁专心看书的儿子祖暅被这突然的声音吓了一大跳,赶忙问道:"父亲,谁了不起呢?"

"我是说刘徽非常了不起。"祖冲之的眼睛仍然停留在竹简上面。

"刘徽是谁呢?"当时只有十一二岁的祖暅还不知道刘徽是个什么样的人。

"他是三国时代著名的科学家。"

"那他有什么了不起的地方呢?"

"他用极限观念建立了'割圆术'。"

"割圆术？"祖暅茫然地望着父亲。

"对于圆的面积、圆柱的体积和球的体积计算圆周率都十分重要，但是一直没有科学的计算方法。可是后来，刘徽提出的割圆术，却找到了一种很好的算法。"

祖冲之指着手里拿着的竹简，兴奋地给儿子讲道：

刘徽提出了在圆的内部作一个正六边形，每边和半径都相等。然后再把六边所对应的六段弧线都平分，做出一个正十二边形来。这个十二边形的边长总和加起来比六边形的边长总和要大，这样就比较接近圆周，但仍然比圆周要短。

刘徽认为，用同样方法，做出二十四边形。那周长总和又增加了，又接近圆周了。这样一直把圆周分割下去，割得越细，就与圆周相差得越少，割了又割，直到不能再割的时候，这个无限边形就和圆周更加密合了，甚至完全相等了。

刘徽用割圆术计算了六边、十二边、二十四边、四十八边形，一直计算到九十六边形的边长的总和，得出圆周是直径的 3.14 倍。

祖冲之把刘徽计算圆周率的"割圆术"讲给儿子听，儿子虽然听得不是很懂，但却引起了他极大的兴趣。

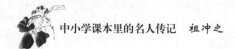

"刘徽真是了不起！真行！"祖暅激动地说。

祖冲之听到祖暅这样说，想了一会儿说："我告诉你吧，刘徽计算出的圆周率，其实他自己并不是十分满意。他曾经说过，实际的圆周率应该比 3.14 稍大。如果他继续割了又割地割下去，就会算得更加精确了。"

"那如果我们来继续'割而又割'，能行吗？"儿子问了一句。

"当然可以呀，这样我们就可以算出更加精确的圆周率了！不过，这需要我们付出更加艰苦的劳动！"这一夜，父子俩好长时间都没有睡着。枯燥无味的数学，引来了儿子无限的兴趣和丰富的联想。祖冲之则盘算着怎样进一步完善前代数学家的成果，开拓数学研究的新路。

有一天，祖冲之早上进宫办完各种事务之后，就匆匆赶回了家，他在书房的地板上画了一个直径一丈的大圆，运用"割圆术"的方法，他在圆内先作了一个正六边形，他的工作就这样开始了。日复一日，不论是酷暑，还是严寒，他从不间断地辛勤计算着。

祖冲之为了能够求出最精密的圆周率，他对九位数进行包括加减乘除和开方等超过 130 次的运算。这样复杂的计算，在当时，既没有电子计算机，也没有算盘，只能靠一些被称作"数筹"的小竹棍，摆成不同的形状，用来表示各种数目，然后进行计算。

要作如此精密的计算，不仅仅是对祖冲之脑力的考验，也是对他体力的一次大考验。算筹的缺点就是计算的位数越多，摆放的面积就越大，具体用到圆周率上，那摆放的面积就相当大了。

算筹还有一个缺点就是每当计算完一次就需要重新摆式进行新的计算，所以他需要将每一个步骤都要记下来，一旦哪个环节出了误差，比如算筹没有摆正或者某个算筹被摆错了，那就一切都要重新开始了。

祖冲之在进行运算时，每个步骤都需要反复十几次的运算，加减乘除和开方加起来一个步骤就得有 50 次。即便是用纸和笔，要运算到小数点后的十六七位，也是一件十分艰难的事情。

回过头来再想一想，1500 多年前，祖冲之没完没了地摆放数以万计的算筹是一种怎样的力量支撑着这项伟大的运算啊！

只见祖冲之依次将大圆分割成六等分，又依次在圆中内接十二边形、二十四边形、四十八边形……

每一次分割，祖冲之都要按着《九章算术》里的勾股定理用算筹摆出乘方和开方等的算式，依次求出分割出多边形的边长和周长。

祖冲之在那个大圆里跳进跳出地拿着算筹演算，不停地记数字，不分昼夜地计算着。周围的一切仿佛都不存在了，只剩下眼前的这个不断被分割的大圆，直算得兔走乌飞，绿白相间的新竹磨破了祖冲之的手指，染上了斑斑血痕。

直到大圆被分割到 96 份的时候,那内接的九十六边形,几乎与圆就要重合了。当年三国时代的数学家刘徽就是停步于此的,用计算出的 3.14 给《九章算术》做的注解。科学的道路,越往后走就越艰难,大圆被分成 96 份的时候就是一个坎,人们很难再跨越。

祖冲之看着搭起来已经接近圆的内接九十六边形,看着自己算出的 3.14 的数据,摸着缠了布条的手指,他觉得自己实在不想放弃。如果说工作只能止于前人的研究成果,那还有什么进步可言呢? 那还算得上什么研究呢? 只不过是验证前人的成果罢了。

但是谁都没有想到,好事多磨,正当祖冲之苦苦思索的时候,只听见一阵稀里哗啦的声响。一阵夜风吹了进来,拂动了屋里的窗幔,同时将算筹摆起的算式扫得七零八落。可惜这个算式才刚刚摆好还没来得及得出答案,也没有进行验算! 祖冲之一个箭步跨了过去,用渗着血的手指抚摸着算筹。

每算一遍,祖冲之就要进行 11 次加减乘除和开方运算。这一次的算筹算是白费了。科学家的执着让祖冲之很快从懊恼里摆脱出来,他索性将桌子上的残式全部打乱重新摆了起来。

由于祖冲之经常摆放算筹,祖冲之的手多次被磨破,时间一长,竟然生出了厚厚的老茧。为了得到更精密的圆周率,祖冲之逐渐把圆内接正六边形、十二边形、二十四边形、四十八边形、九十六边形……一直割圆到 24576 边形,这时分割的正边形差不多要同圆周紧贴在一起了,于是他算出:

12288 边形各边总长为 3.14159251 丈,24576 边形各边总长为 3.14159261 丈。

祖冲之经过艰苦的计算,终于得出了比较精确的圆周:

如果圆的直径为 1,那么圆周大于 3.1415926,小于 3.1415927。

祖冲之求出的圆周率,精确到小数点后七位数,当时全世界只有他一个人能做到这一点。

公元 16 世纪,荷兰人安托尼兹求得圆周率 π=355/113,欧洲人非常震惊,竟然以为他是这个圆周率的最早创造者,还把 π=355/113 称为 "安托尼兹率"。其实祖冲之早在 1000 多年以前就已经计算出来了。随着时间的推移,外国学者们也逐渐开始了解中国。他们不仅知道祖冲之在求得圆周率数值上做出的伟大创造,而且承认这个创造要比欧洲早 1000 多年。后来为了纪念祖冲之为人类做出的巨大贡献,日本数学家三义上夫建议,把 π=355/113 叫作 "祖率"。

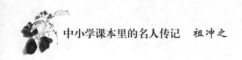
圆周率的应用

当祖冲之突然意识到自己得到了比之前更为精确的圆周率值时,他惊讶地张开嘴,半天合不拢。那时,祖暅正坐在一旁仍然不停地摆弄着算筹,听到父亲嘴里似乎在唠叨着什么。

祖暅无意间抬起头来,见到父亲这般情景,他感到莫名其妙。当祖暅完全明白过来是怎么一回事时,他高兴地站起来,心里怦怦地起跳,激动得眉飞色舞。

祖暅飞快地奔向父亲,紧紧地搂住他。这时,母亲走了进来,想叫他们去吃饭,见此情景,也莫名其妙地望着他们。祖暅又冲过去搂住母亲说:"父亲成功了!他终于成功了!"

祖暅看着父亲脸上洋溢笑容,这不只是一丝的笑容,他看起来简直像换了一个人似的。他整日皱着的眉头骤然舒展开来,眼前突然一亮,就像一缕缕红色的晨光驱散了黎明前的黑暗,照亮了心头的雪峰,给它抹上了一层欢快的色彩。

看到父亲的神态,祖暅欣喜若狂。妻子望着丈夫和儿子,心中也有说不出的欣慰。多少年来,丈夫含辛茹苦。为了这个愿望,他不知吃了多少苦头,熬了多少个不眠之夜,手中的算筹摆弄了上万次。那些算筹码,凝聚了他多少心血啊！能有今日的成果对他来说真是来之不易呀！

祖暅兴奋地说:"父亲从此以后可以好好休息休息了!您了却了终生的夙愿,总算可以告一段落了。"

祖冲之微笑着摇了摇头说:"怎么够能休息呢? 还有许多事情要做哩。"

母子俩莫名其妙地望着祖冲之问道:"还有什么心愿呢?"

祖冲之舒展开身子说:"我之所以研究圆周率是因为我想研究度量衡。你们有所不知,乡间的百姓特别辛苦,他们面朝黄土背朝天,祖祖辈辈没日没夜地劳作着,一年到头打点粮食却被那些大户人家算来算去,粮食就进了他们的粮仓,而劳作的百姓一家老小仍然是两手空空。"

"每当我看到这些的时候,心中总是愤愤不平,可是却又无可奈何。于是,我就想出了这个办法,我要研究出准确的度量衡,世上就会公平起来了,谁人还敢无理呢?"

此时,祖暅觉得父亲似乎高大了很多。他比以往更加钦佩眼前的父亲了。他在很小的时候就觉得父亲什么都知道,什么都懂得,就连天上有几颗星星他都了如指掌。父亲上知天文,下晓地理,几乎没有什么他不知道的。

随着年龄的增长,祖暅更加觉得父亲身上有一种无穷无尽的力量,一种永远都使不完的力量,这就是毅力。

祖冲之凭着这股毅力，不管是刮风下雨，也不管在春夏秋冬，每天坚持观察，长达十多年。积累起来的数据堆积了一间仓房，别人看来杂乱无序，其实是井井有条。他终于在那纸堆里完成了《大明历》。此番又没日没夜地开始研究圆周率，就像中了魔似的。

每当祖冲之遇到困难时，他从不气馁。祖暅一直不能理解父亲这股劲是从哪里来的。今天他突然明白了，父亲心中装着百姓，时刻念着百姓。所以他不知疲倦，也不惧怕任何强大的恶势力。如果朝中的大臣都能像父亲这样心中时刻装着百姓，天下的百姓就不会像现在这样了！他似乎看到父亲头上发出圣洁的光。

祖冲之看到儿子和妻子都用异常的目光看着自己，就问道：“你们为什么这样看着我呢？”

祖暅不假思索地说：“如果朝中的群臣都能够像父亲这样，那么天下就太平了。”

祖冲之脱口说道：“你觉得父亲很伟大吗？其实我很平常。我从很小的时候就受到正统儒家文化的教育。儒家经世致用、造福百姓的思想已经在我的心里刻上了深深的印痕。父亲的所作所为都是天经地义的。”

祖冲之在对圆周率方面的研究，适应了当时很多生产实践的需求。他亲自研究度量衡，并用最新的圆周率成果修正了古代的量器容积的计算。他去世后，人们又用他的成果制造了量器。

量器是我国古代计量的主要器具，如果"量"表达的数字不精确，那么被计量的物体也就不准确了。祖冲之计算出了圆周率后，就是利用了圆周率对古代的量器容积计算进行了修正。

据说有一种量器叫作"釜"，在史书的记载中是一尺深的圆桶。那么，这个桶的容积是多少呢？我们知道圆桶的体积是底面积与高的乘积。按照之前的圆周率计算出来的底面积是不准确的，那么，这样计算出来的容积也就是不精确的。

等到祖冲之计算出了数值较为精确的圆周率之后，他就利用最精准的圆周率数值，求出了最精确的底面积。这样一来，容积就更准确了。

此外，祖冲之又重新计算了汉朝刘歆制造的"律嘉量"。这也是一种量器，同上面提到的"釜"都是圆柱形的量器。祖冲之利用"祖率"校正了量器，给人们的日常生活提供了便利。

自从王莽向全国发布了律嘉量以来，直到祖冲之的时代，人们经常用律嘉量作为标准来考核当时的度量衡，所以祖冲之的研究是有一定现实意义的。

在祖冲之去世以后，人们制造量器时就用到了祖冲之计算的圆周率值。这个事实说明了祖冲之在圆周率方面的最

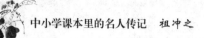

新成果,当时就已经应用于社会实践中了,这适应了当时生产发展的要求。

关于圆周率,还有一个很有趣的小故事。传说,从前有座山,山上有座庙。庙里有一个老和尚和一群小和尚。一天,老和尚对小和尚们说:"师父最爱背圆周率,一背就能背到小数点后 16 位。你们爱师父,所以也要背,背不出圆周率,就不准吃饭也不准睡觉!"

说完,老和尚就到另一座山上的寺庙去喝茶了。小和尚们猴精,看着师父留下的 3.1415926535897626 数字,看着师父远去的背影,龇着牙想了一会儿,就出去玩了

老和尚回来之后,板着脸要一个一个地检查小和尚的背诵情况。只听见小和尚们摇头晃脑地大声念起来:

山巅一寺一壶酒,尔乐苦煞吾,把酒吃,乐啊乐!

这关当然就都过啦!

精确的量具

祖冲之在古代计量测试技术的改进,以及对计量科学的发展都做出了不可磨灭的贡献。其实,祖冲之的成就与计量

学关系十分密切。比如之前我们所提到的圆周率,就与计量学有关。

祖冲之终其一生,都在进行科学实践。为了探索自然规律,他自然对计量的仪器十分重视。在他给宋孝武帝的上表请求颁行《大明历》的《驳议》中,就提到"亲量圭尺,躬察仪漏,目尽毫厘,心穷筹策"。

祖冲之在观测中,事必躬亲,从不让他人帮忙去做。他坚持自己动手测量日影,观测刻度,精确的程度甚至到达毫厘。对于自己所测的数据他更是用心计算。祖冲之在观测日志里写道:测量和处理数据的要点就是"数各有分,分之为体,非细不密""深惜毫厘,以全求妙之准;不辞积累,以成永定之制"。

祖冲之的意思大概是说,测量中的数据一定要准确,而要达到准确的要求,首先需要测量仪器必须精密,即便是毫厘那样微小的差距,也不可以马虎,因为数据的精确是结果准确与否的前提。做大量的工作,孜孜以求的是建立一种精益求精的态度。

正因为祖冲之对测量精度的重视,才使得他在天文和数学领域方面做出了让同时代人难以望其项背的巨大成就。

我们的民族有一个特别的传统,讲究传承和发扬。就拿天文学的测量来说,为了保持数据的一致性,那么最好是测量的仪器尺度值也保持一致。当年秦始皇统一度量衡的伟

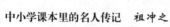

大作用也正在于此。

可惜的是，在后来的岁月中，由于一些原因，度量衡渐渐也有一些偏离当初制定的标准尺度。于是秦朝之后的天文学家和音律学家都力求制作出跟秦制古尺尺度值一致的律尺。

据《晋书·律历志》记载，晋代有一个杰出的律历学家荀勖，他所制作的符合古制的尺子，被人们称为荀勖律尺，世人公认该律尺为古尺度标准。但是后来荀勖律尺却在100多年间销声匿迹了，直到刘宋时期被祖冲之辗转求得。

天文学家祖冲之如获至宝，经过他不懈的介绍和宣扬，以及他后来将其应用到观测之后，人们才重新见到这把古尺。由于这样的古尺是祖冲之宣扬开来的，所以人们又把它叫作"祖冲之所传铜尺"，以纪念祖冲之收藏的功劳。

之后，祖冲之又用自己计算得出的圆周率对"新莽嘉量"进行了核准和校对，使得这种量器的精度大大提高了。

新莽嘉量也是一种标准量器，铸成于公元9年王莽新朝。王莽于公元9年建国，他命令国师刘歆领导一些人设计并制造了这一款标准量器。

新莽嘉量包含了斛、斗、升、合、龠共五个容量单位，上边是斛，下边是斗，左耳是升，右耳是合和龠。量器以斛作为主体，外壁背面则分别刻有斛、斗、升、合、龠的直径、深度和容积的相关铭文。

根据铭文中的这些数据，就可以计算出精确的容积，从而进行当时标准尺度的推算。其实，每一种容量单位分别有详细的记录，记录着各器的直径、深度、底面积和容积。

依据铭文可以让人精确地计算出各量的容积，历代科学家都对其进行过计算。而祖冲之是第一个指出新莽铜嘉量中有些细微不足的人，他称此种误差为庇旁误差。

其实，引起这个误差的原因还是由于当时圆周率的数值不够精确。当时刘歆计算出的圆周率为3.1547，而祖冲之用古代最精密的圆周率3.1415926来校验，当然会存在误差。

但是，反过来说，后人相对于前人来说总是会有所提升，刘歆出现这样的误差也是受时代的局限。而祖冲之指出新莽铜嘉量存在的误差，便使测量变得更加精确。

发明水碓磨

公元465年，宋明帝即位，祖冲之被调任娄县做县令。这本来是皇帝招贤纳士的举动，可是从政对于祖冲之来说却是一件困难的事情。

娄县是一个远离京城、贫穷又荒僻的小县。祖冲之到任之后，一心想把工作做好。如果用现在的话来说就是"干一行，爱一行"。他首先亲近百姓体察民情，访贫问苦，看到那些百姓生活十分艰难,他的心中颇为怜恤。

祖冲之觉得自己身为朝廷命官,就应该多为百姓谋福利。于是他制定了相关的政策,奖励农耕,率领百姓兴修水利,开垦荒地,号召群众囤积粮食,以备荒年。几年之后,百姓的日子渐渐好了起来。

秋收后的一天,祖冲之忙完公事,他像往常一样,又到附近的农村看一看。那时已经是晚饭时分,路边的稻谷堆积如山,鸡、鸭、猪、羊在地里悠闲自得地寻找着食物,家家户户飘来一阵阵饭香,一派祥和的景象。看着这一切,祖冲之心中非常高兴,早已忘记了一身的疲劳。

祖冲之走着走着,突然一幅特殊的景象映入了他的眼帘。在一个简陋的农舍里,有一位白发苍苍的老翁正在一上一下地用脚踏着一个木杆,走过去仔细一瞧,原来那根木杆上连着一个石杵,踏一下,石杵就捣一下石臼里的稻谷,稻谷的皮就这样被一点点捣下来,变成了白花花的大米。那老翁捣得十分费力,尽管秋天天气已经转凉了,老翁的头上仍是不住地冒汗。

看到这种情形,祖冲之不禁走上前去问老人:"您这么干够累的吧?怎么没有人换换您呢?"

"咳,没办法,年年都这样啊!"老翁看到对方的打扮十分朴素,话匣子就打开了,"您不是本地人吧?这不,县令祖大人上任这几年,想了很多办法。田里的粮食越打越多,这本来是好事,可是我们家没有壮劳力,到时候又得按时交粮。我只好豁出命地干了,也没有办法,苦啊!"

"您这儿没有其他的工具了吗?"祖冲之又问。

"咳!自打我祖父那会儿就用这个,不知道还有什么工具。"老翁一边说着,一边继续费力地踏着那木杆。

祖冲之边听边看,心里很不是滋味,自己以前怎么就没有想到,打粮多了也会给百姓造成一些其他的负担呢?天色渐渐暗了下来,夕阳慢慢地退到山后,给灰蓝色的天幕留下了一抹玫瑰红。祖冲之脑子里想着刚才的事情,不知不觉地来到了乡间。一时辰、两时辰……天色已经暗了下来,忙碌了一天的农民们围好了家畜,吹灭了油灯,进入了梦乡。

村里村外静悄悄地。祖冲之对这一切一点儿都没有察觉到,他的脑袋依旧飞快地运动着,脚继续机械地向前迈着。忽然,一阵哗哗的声响打断了他的思路。"水!"祖冲之突然想到了办法,"用水的力量代替人的体力!我从前怎么就没有想到这一点呢?"带着想出解决办法的喜悦,祖冲之回到了县衙。他连忙点上灯,查阅相关资料,准备制造一种新的舂米工具。

在史料中,祖冲之发现,用水力舂米的主意古代已经有人想到过。那是在西晋初年,有一个叫杜预的人就发明过一个连机碓和一个水转连磨:

　　连机碓的制造方法是：在水流很急的地方装一个大木轮子，轮子着水的地方都是一些宽宽的木板，这样可以加大轮子的着水面积。轮子的中轴很长，用它连接好几个石杵。这样，当水推动轮子转动的时候，石杵就上下运动，最终落在米上。

　　水转连磨主要是利用水利来磨面的，它与连机碓的想法基本类似，不同的只是那个大中轴上连的是一些同磨盘相接的齿轮，大木轮一动，中轴就会带动齿轮，然后由齿轮带动磨盘不停地转动。

看到这些记载资料，祖冲之本想照葫芦画瓢地仿制这两种机器，尽快解决农民的难题。但是，他又想到，这样做，既费钱又费力气，还不如把它们优化组合起来，做一个水碓磨！第一步，首先得绘制图纸。祖冲之画了一稿又一稿，专心地设计着。尽管前人有一些记载，但若是要创新仍然非常困难。水碓磨的想法新就新在它既是碓又是磨，困难也正在这一方面。

　　磨靠的是旋转的动力，而碓则靠上下运动的力，要想创造水碓磨，就得解决用一个大轴推动这两种不同的动力。该怎么办呢？祖冲之想了又想，即使是在睡觉的时候，也在想着这个问题。

　　最后，祖冲之终于想出了办法。他在中轴上安了两个不同类型的齿轮，一个竖齿轮连在石杵杆上，另一个卧齿轮连接在石磨上。图纸画好了之后，接下来就得施工了。

祖冲之找了几个心灵手巧的工匠，同他们一起边设计边修改，仅仅用了一个月的时间，就把这个水碓磨做好了。经过反复检查，祖冲之相信这个新发明是成功的。看着这个精致的水碓磨，祖冲之非常兴奋，他决定几天之后就试车。这个消息很快传遍了县城内外，百姓们都十分好奇。他们想，一个县令能为大家做出加工粮食的新工具，一定要亲眼去看看。没过多久，连皇宫上下也获知了这个消息，皇帝命令大臣，到时候一起去观看祖冲之的新发明。

试车那天，河边挤满了人，大人、小孩，甚至一些白发苍苍的老人也跑了过来。喊声、叫声和吵闹声混合在一起，现场气氛非常热烈。好像老天也被感动了，那天天气格外晴朗。上午皇帝带着家眷和亲信也来了。祖冲之简单地向皇帝介绍了水碓磨的情况，之后请皇帝下令开机。皇帝的谕旨一下，在水的冲击下，大水轮启动了，中轴随之转动起来，紧接着碓和磨也开始运作起来，河两岸的群众都瞪大了眼睛，他们从来没有见到过这么新奇的机器，而且舂米的速度还这么快。

不大一会儿，一堆加工好的米和面就呈现在人们眼前。百姓们欢呼起来，他们不停地夸赞着祖冲之。皇帝也十分高兴，赞扬祖冲之为老百姓做了一件大好事。祖冲之这项伟大的发明，在后来的农业生产中一直被广泛应用。甚至在今天，我国南方的一些农村仍然在使用着它。

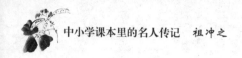

制造桨轮船

有了水碓磨试制成功的经验,祖冲之又想把这种装置运用到船上去。

船在水乡江南是非常重要的运输工具,人们几乎天天要同它打交道。

以往江河中行船除了借助风力扬帆之外,主要是靠橹、桨划行,或者用竹篙撑船,对于长年生活在水上的船工来说十分辛苦,因为不管刮风下雨,还是酷夏严冬,一年四季,成年累月他们都得在船上不停地摇啊、撑啊。即使这样,船在水中行走的速度也十分缓慢。如果能够提高船行进的速度,不就可以减轻船工的辛苦了吗?

祖冲之想到,既然水流可以带动木轮运转,木轮可以带动石碓上下动作。如果将这个过程反过来,让上下动作的木板驱使木轮转动,而木轮的转动拨动水给船一个动力,恰好可以让船在水中加速行进。

祖冲之根据自己的想法画好了图纸,用木头做了个机械模型,把它按照设计安装在模型船上,踏板在船头,机关在船舱,两个木轮悬在船身的两侧。将船放在盛满水的木盆中,用手指一上一下不停地压动机械模型的小木板,小木板带动了小木轮,小木轮的旋转拨动着水流,结果模型船果真动了起来。

祖冲之经过反复试验,对设计屡加改进,最后才定型并且称它为"桨轮船",因为它既用木桨划行,又用木轮驱动。

真正的桨轮船开始安装那天,娄县县衙前的广场上聚满了看热闹的,人们像过节一样,携子扶老,举家出动,有的店铺甚至关上了门板,全都赶来要一睹祖县令神奇的发明。

桨轮船是一只两丈多长的木船,舱口很宽阔,里面可以容下二三十人。这船是用上好的木材制作而成,做工十分精细,而且它的坚固程度也无与伦比。两个一人多高的大木轮,木轮上用木板嵌起来一格格像楼梯的磴,还有许多齿轮、铁钩和木板等零件。

桨轮船里面陈设着字画和光洁的木家具,舱壁上的雕镂十分精细,并且还雕有精致的花纹,令人赏心悦目,使人产生亲切之感。船头高高耸立,那火红的旗帜随风飘荡。

"噼噼啪啪"一阵鞭炮声过后,安装开始了,只见五六个手艺娴熟的工匠,有的锯板,有的钻眼,有的钉钉,有的校准,七手八脚一会儿的工夫,就把桨轮船组装好了。围观的百姓们望着这个"怪物",七嘴八舌地议论开来。

又是一阵鞭炮过后,工匠们一声号令把船抬了起来,准备把它放到城北的小河上试航,这时围观的百姓也纷纷蜂拥跑去帮忙,有的用肩扛,有的用手托,有的用头顶,有些老人虽然帮不上忙,但他们还是争先恐后地围上前用手去抚摸。不一会儿便把船抬到河边,众人小心地把船推到了河里。

这时,四个壮汉跳到了船上,两人摇橹,两人用脚踏木板,船渐渐加速,最后竟快速航行起来。

岸上的百姓鼓掌欢呼,有人甚至还从家里拿来了锣鼓,真是锣鼓喧天,鞭炮齐鸣。百姓们不仅为桨轮船试航成功而喝彩,也为他们拥有这样一位爱民的县令而庆幸,更为他们县令神奇才能而感到自豪。人们纷纷走上前去向祖冲之献上大碗好酒。

望着飞速远去的桨轮船,百姓不禁称之为"千里船"。

"千里船"试航成功的消息不胫而走,不久便传到了京城,这也引起了当朝大臣乃至皇帝的兴趣。一道诏书,命令祖冲之将桨轮船运到京城,让大家也一饱眼福,并决定让他在长江里演示一番。

木船用特制的十轮大马车由娄县日夜兼程运到新亭江,即长江经由京城的那段水域。往日荒凉僻静,人烟稀少的江边,由于这条船的出现,情形便突然改观了。此时江边像过年似的,格外热闹。

祖冲之站在船上,望着天苍苍,水茫茫,波涛汹涌的景色,他显得沉着而冷静。偌大的千里船,竟然像一件儿童玩具一样在一大锅沸水里面颠簸。四周已经看不清陆地上的一切,只有几只飞鸟贴着水面飞翔。

祖冲之在船上安排了八名水手,四人一班,轮流作业。只见船一下水,四名水手开始工作,船慢慢启动,速度越来越快,不一会儿便像脱缰的野马,飞流直下,使得前来观看的达官显贵个个目瞪口呆。一天下来,船居然行了百余里,这在当时可以说是神速了。

自此"千里船"的名声传遍了京都,传遍了江南。

在船上装上木轮驱动,当时这在世界上也是首次!它比西方人掌握这门技术的时间早了将近1000年。当你坐上现代的轮船去旅行时,不要忘记这里面也有祖冲之的功劳。不同的是,今天轮船上的水轮螺旋桨,是合金制造的,当然,它也不是安装在船的两侧,只是装在船的尾部罢了!

重注《九章算术》

在娄县的日子,祖冲之眼看着百姓的生活一天天好起来,他的心才稍微有些宽慰。他白天忙着料理政事,晚上仍然在灯下读书。远乡僻野,虽然不是世外桃源,但远离了是非,却正是做学问的好地方。对于从小培养起来有着浓厚兴趣的科学,祖冲之十分热爱,而对于数学,更是如此。

县城小镇比不上京都大邑,那里有数不清的藏书,有先进的仪器设备,还有名师学士。而这小小的娄县县城,别说

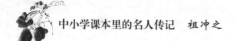

丰富的藏书,就算找个像样的学校也困难。

在这里,祖冲之除了搞一些较实用的发明之外,同时也将研究转向什么仪器设备都不需要的数学方面去了。

在来娄县之前,祖冲之从家里挑了一些书籍带上,除了《四书》《五经》外,他还带了《九章算术》,以及阅读它时所做的一些笔记。

对于《九章算术》,祖冲之是十分熟悉的。小时候,听祖母说过这本书;在国子学时,他读过这本书;在华林学省时,他研究过这本书。之后,他甚至还对书中的一些问题做过很多深有见地的笔记,写下大量体会。如今他决心再读《九章算术》。

《九章算术》是流传至今的我国最古老的一部数学著作,它也是世界数学史上极为珍贵的文献。成书在公元前100年左右的西汉中叶。

从春秋战国时代起,我国在生产技能和生产工具等方面就有了长足的发展,使得当时的生产力达到了一个新的水平,科学技术有较大的发展,学术研究也相当繁荣,因而各种学术著作相继问世,如《内经》《考工记》《山海经》等都是各种知识的总汇。又由于天文、历法、田亩丈量、土木工程和缴赋纳税等都离不开数学知识,因而,促使数学得以发展。

在秦国统一六国之前,我国虽然没有专门的数学著作问世,但在其他著作中经常出现关于数学知识一些零碎记载。

到了秦汉时期,由于生产实践的需要以及数学知识的不断积累,系统整理数学知识的时机也慢慢成熟起来,于是便出现了《算数书》《杜忠算术》《许商算术》,这些都是对秦汉以来数学知识的总结。

许商,长安人。公元前32年到公元前8年他曾在西汉官府任将作大臣、大司农和河堤都尉等官职。他曾经参加过水利工程,并且精通天文历法,又长于算术,《许商算术》就是他的著作。

杜忠与许商是同一时代的人,杜忠也著有《杜忠算术》。

有人认为《杜忠算术》和《许商算术》其实是《九章算术》的前身。

当然,《九章算术》并非成书于一人之手,也不是一次就成定本,而是在较长时期内经过很多人之手逐渐形成的传本形式。

《九章算术》总结了我国秦汉以前在数学领域的辉煌成果,开创了独具一格的理论体系。它内容丰富,并且采用问题集成的形式,书中的每道题都有问、有答、有术,即计算程序、公式和解法。有的一道题一种解法,有的多道题一种解法,有的一道题多种解法。

《九章算术》中的问题按数学性质分为九大类,由九章组成,各章名称和基本内容如下:

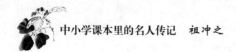

一、方田章：主要讲述了平面图形的面积计算以及分数运算的法则。

二、粟米章：以谷子、米、米饭的转换比率论述了各种比例问题的算法。

三、衰分章：主要论述了按比例分配问题的算法。

四、少广章：论述了开平方和开立方问题的算法。

五、商功章：主要论述了各种立体图形体积的算法，其中包括：筑城、修堤、开渠和堆粮的体积计算，而且还涉及一些施工方面的计算题。

六、均输章：主要论述比较复杂的按比例分配问题的计算方法。

七、盈不足章：主要论述盈亏问题的解法。

八、方程章：论述了多元线性方程组的解法。

九、勾股章：主要论述了勾股定理应用问题的解法，并且谈到了简单的勾股测量问题。

《九章算术》对我国乃至世界数学的发展均有重要的贡献。

在我国，16世纪前的各种数学书大多是遵循《九章算术》的体例，集应用问题解法而成书。《九章算术》中的不少内容仍然出现在当今中小学的数学课本中。

《九章算术》经刘徽注释之后，不仅提出了丰富多彩的创见与发明,而且以严密的数学用语描述了有关的数学概念,对《九章算术》中的许多结论给出了科学证明。它所采用的证明方法,不仅有综合法、分析法,有时还兼用反证法。它沿袭我国古代的几何传统,使之趋于完备,形成了具有独特风格的几何体系。

刘徽之后,祖冲之立志要研究《九章算术》,由于他扎实和雄厚的基础,加上认真严谨的做事风格,以及刻苦努力,无疑他会沿着刘徽开创的方向继续走下去,并获得一定的成果。

精心著《缀术》

祖冲之在数学研究方面,除了得出较为精确的圆周率之外,他还写有《缀术》一书。因为祖冲之在研究天文历法的过程中经常遇到一些数学问题,所以他对数学问题产生了非常大的兴趣。祖冲之把平时产生的问题加以总结,发现一些问题解决的方法竟有些类似。这时,他想到肯定会有解决问题的规律。

本来对于科学研究,祖冲之天生就有强烈的好奇心。遇到问题之后更加激发了他探索下去的兴趣。在他忙完公务以后,思考问题已经成为他的一种习惯。为此,还闹出了一场误会。有一次,祖冲之在宫中回来的路上,他又思考起问题来。走着走着,突然身后传来熟悉的声音:"文远兄,文远兄!"

　　原来这是他的一位朋友叫他。但祖冲之当时只顾着思考问题,什么也没有听到。他一边走一边想,便径直回到了家中。朋友呆呆地站在原地,十分生气,好久都没有回过神来。第二天,朋友直接找到祖冲之,气愤地说:"昨天我在路上叫你,你却不理我,头也不回地走,这是怎么回事。你是大科学家,我们是不是不配同你交往呢?"

　　听到这话,祖冲之愣了一下,仍然不明白发生了什么事。朋友就把昨天遇到他时的情形说了一遍。祖冲之恍然大悟:"怪我,怪我,不瞒你说,当时我正在思考一个数学问题,请你宽恕我的过错。"

　　朋友看到祖冲之这样诚恳的态度,想到祖冲之的为人,便转怒为喜,说道:"佩服佩服,我也没什么可埋怨的,这也是你成为大科学家的原因吧,我们一般人是做不到的。"

　　这天,祖冲之向朋友敬酒赔罪,两人又重归于好。就这样经过长期的思考与总结,祖冲之完成了一部重要的数学著作《缀术》。《隋书》中的评论认为,《缀术》的理论十分深奥,计算也相当精密,即使是学问很高的学者也不容易理解它的内容,此书在当时是数学理论书籍中最难的一本。在《缀术》中,祖冲之提出了"开差幂"和"开差立"的问题。"开差幂"

就是已知长方形的面积和长宽的差,用开平方的方法求得它的长和宽,它的具体解法已经是用二次代数方程求解正根的问题。

而"开差立"就是已知长方体的体积和长、宽、高的差,用开立方的办法来求它的边长;所用到的计算方法就是用三次方程求解正根的问题了。三次方程的解法以前没有过,祖冲之的这一解法是一项创造。《缀术》共六卷,是我国历史上非常有价值的科学著作之一。唐代对《缀术》相当重视,那时把这本书当作官家学校数学科的主要教科书。

当时数学科分为两组:第一组所用的教科书是历代相传的《周髀算经》《九章算术》《海岛算经》等,六年毕业;第二组所用教科书是《缀术》和《缉古算经》,七年毕业。其中《九章算术》与《海岛算经》合在一起,规定要学习三年,《缉古算经》十分深奥难懂,规定要学习三年。而《缀术》则规定学生要学习四年,年限是最长的。毕业考试的时候,要从《缀术》中出六七道题,出题也是最多的。

从学制和考试的制度来看,《缀术》所占的地位要超过其他的各种算书,因此《缀术》的科学价值也是可想而知的。随着隋唐时期中国文化的四处传播,我国的数学也随之传到了东方的日本。当时的日本在很多方面都仿效我国,多次派"遣隋使""遣唐使"来我国学习先进的科学文化和各项礼仪制度。在数学学科方面,也建立了同唐朝一样的学制和考试制度,《缀术》在当时也受到了高度的重视。祖冲之的著作和理论,不仅在隋唐两代的数学教育中占有相当重要的地位,而且对日本也有过很大的影响。这足以说明祖冲之在数学上的巨大贡献,他不愧是我国古代科技界的杰出代表。

唐朝末年,封建军阀分裂割据,国家兴办的数学教育也无法维持下去,数学著作也多有散失。到赵匡胤统一全国而建立宋朝时,仅有少数传本留传下来。《缀术》一书,就在北宋天圣到元丰年间,也就是公元 1023 至 1078 年失传了。

无论如何,《缀术》一书的失传,是一件十分令人惋惜的事情。如果这本著作不曾散佚,它对我国数学的发展所产生的影响将是难以估量的。

此外,《缀术》中还可能包括制定《大明历》中所遇到"上元积年"的求法,因为《缀术》的失传,人们便不得而知了。

调回京都

再造指南车

公元478年秋天，官道上有一顶小轿缓缓地行进着。前头一把红伞，两边跟随着几个人。轿内坐着一位中年人，生着高高的前额和清秀白皙的长脸，一对发亮的黑眼睛里闪烁着智慧的光芒，他的目光既敏锐又善良，黝黑的浓眉和头发，三绺美髯，使他的面容上露出一股正气。

这时，一个随从走到轿前说："大人，马上就要到京城了。前面有一个小店，您还是先休息片刻，再前行也不迟呀。"

后面的车子还没有跟上来，一个年轻的小伙子伸出头来说："父亲，您还是先休息休息咱们再赶路吧。"说着，他便下了车。祖冲之见儿子下了车，无奈只得下轿了。

原来，不久前祖冲之接到了朝廷的圣旨，命他回京担任谒者仆射，这是掌握朝廷宴会、大臣们朝见皇帝以及重大受封典礼的礼节官。从此，祖冲之结束了14年的县令生涯。而那时，正是宋顺帝刘準当政。

这些年来，祖冲之一直在娄县做县令。除了研究圆周率以外，身为一县的父母官，他一心为百姓操劳，还十分关心劳动生产工具的改进。于是，他在壮年时期的研究方向，几乎完全转到机械方面上来了。

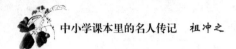

　　此时的祖冲之归心似箭,他多么想早日回到京城。他从小在那里长大,那里的一草一木他都倍感亲切。那里的山川是那样险要,万里长江从西北奔腾而过,巍峨的群山在东南起伏绵延。

　　西边有坦荡辽阔的大平原,东边是锦绣富饶的江南鱼米之乡。那里有山地,有丘陵,有平原,有湖泊,还有大河小溪。那里有发达的文化。那里是天下儒生和学士的聚集地,经济繁荣,物阜民丰被天下人所称道。

　　祖暅非常理解父亲此时的心情,但他觉得父亲一路风尘仆仆,唯恐他吃不消,才极力劝说父亲休息片刻再走。

　　祖冲之回到京城之后,谒者仆射这个官职十分清闲。自从他走上仕途,现在是他最为清闲的时候了。他为官几十年,大多是地方官,所以他几乎每年都要走上千里的乡间小道,百姓的疾苦时刻铭记在他的心中。他的心和他的身体无时无刻不在为百姓操劳。此时的悠闲他还真有些不习惯。

　　这一天,管家进来通报道:"大人,有个姓萧的大人要求见。"

　　祖冲之思忖半晌,想不起这位萧大人到底是谁,只好吩咐道:"那就有请萧大人!"

　　管家领进一个身材高大、浓眉大眼的将军,祖冲之忙说:"不知萧大人前来,有失远迎!"

　　这位萧大人是守卫皇宫的禁卫军头目萧道成。他很早之前就听闻祖冲之博学多才,今日特地登门拜访。祖冲之像丈二和尚摸不着头脑,只好热情地招待他。萧道成说:"我听说祖大人博学,今日来访有一事相求,不知祖大人是否赏脸呢?"

祖冲之连忙说:"不敢当,萧大人有事尽管开口,下官一定尽力去办。"

"末将听说三国时期有个叫马钧的曾经制造过指南车,不知祖大人可否能重新制造指南车呢?"

祖冲之心想:我长期做地方官,经常改进生产工具,已经对机械有所了解。指南车只不过比生产工具复杂些,不妨试试看。于是,他对萧道成说:"多蒙萧大人如此看重下官,那就容我先试试吧。"

萧道成离开之后,祖冲之马上查阅相关资料,挑灯夜战直至深夜。

第二天清晨,天空的西北角上还浮着几颗星星,隔墙的柳条儿静静地垂着。一切都在酣睡中,只有三五只小雀儿唱着悦耳的晨歌,打破了沉寂。

祖晅早早起来在后花园活动身子,突然发现父亲也朝花园走来,便迎上前说:"昨晚孩儿见父亲书房直至深夜还没有熄灯,今日为何还要起这么早呢?"

祖冲之舒展着身体说:"这已经成为多年的习惯了,已经没有办法改变了。"

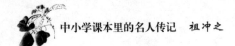

祖暅看着父亲，无可奈何地摇了摇头，他好像想说些什么，可是终究没有说出来，父子俩便默默地活动着身体。

过了一会儿，祖暅突然问道："听说昨日萧大人委托您制造一种指南车？"

祖冲之颔首说："是呀。"

"什么是指南车呢？"

"据说它的作用同指南针差不多，是用来指示方向的。"

"之前有人做过吗？"

"据说在古代黄帝时期，由于黄帝和南方的蚩尤部落打仗，遇上大雾，无法辨别方向，于是黄帝就制造了指南车。"

"我们的祖先可真聪明呀！"

"后来，东汉的张衡以及三国时期的马钧也曾制造过指南车，并且得到众人的一致好评。只是他们的指南车很快就失传了，就连制造的原理也没有丝毫的记载。"

祖暅失望地望着父亲说道："您这一宿夜战算是白忙活了！"

"怎能说是白忙呢，刚才了解到的那些不都是收获吗？"

祖暅知道自己有所失言，便急忙说："父亲所言极是。"

祖冲之继续说道："我就不信，先人能做到的事情，我就做不到。"

祖暅望着父亲那刚毅的面容，心想：为这指南车，父亲又不知要吃多少苦头了！

想到这里，祖暅对父亲说："父亲有什么难事，尽管分配孩儿去办。您不比当年，还是应该多注意点身子为好！"

祖冲之像没听见似的，继续说："到东晋时，北方各蛮族头领，为了讲求排场，摆阔气，也让人制造过指南车。后赵皇帝石虎命令解飞给他制造指南车，紧接着，后秦的皇帝姚兴也命令令狐生给他制造指南车。在他们出巡的时候，就把指南车放在仪仗队的前面，与其说是用来指引方向，倒不如说是为了表示皇家的派头。"

祖暅笑着说："看起来，皇帝也有做不到的事情呀！能拥有天下，却不能拥有一辆指南车。"

"皇帝可以拥有天下，但是不能拥有的东西太多了，只是有时他不知道而已。"

祖暅看着父亲的神色，便知道此时父亲对指南车已经有了深刻认识。他多年与父亲朝夕相处，深知父亲的习惯，于是他问道："父亲此时一定已经有一些眉目了。"

祖冲之若有所思地说："眉目倒不敢说。只是据我估计，先人所制造的指南车，其内部机关可能都是木制的。我想，如果能用铜制的话，一定比木制的要灵活很多。"

没等祖冲之说完，祖暅高兴地说："父亲所言极是。铜制的指南车，灵敏度自然会比木制的要高！"

于是，父子俩便一鼓作气地干了起来。

不久，一辆铜制的指南车，终于在祖冲之父子的手中制造出来了。

制造成功之后，萧道成命令他的两个亲信说："你二人同我一道试验一下，看看这辆指南车是否真的灵验。"

在皇宫南门内的教练场上，御林军站立得非常齐整，他们排着队观看指南车的检验，还有一些大臣也前来凑热闹。

只见指南车走在最前面，后面跟着萧道成的两个亲信王僧文和刘休。

经过反复检验，王僧文上前报告说："大人，这辆指南车制造得非常好，不论如何拐弯，木人始终指向南方。这真是当今最好的指南车了！"

萧道成听闻，哈哈大笑着说道："祖大人真是神人啊！"

当时在场的人都称赞说："祖大人的才能真是举世无双呀！这辆指南车是继马钧以后最好的指南车了！"

过了些日子，祖冲之正在书房看书，老管家匆匆进来，见主人正在聚精会神地看书，便又出去了。因为他知道主人看书时，任何人都不许打扰。但是，管家心中有事，不时地探头张望。祖冲之隐约觉得有人，便警觉起来。之后，他发现是老管家，等到管家再次探头进来时，祖冲之便问："你有什么事呢？"

管家走上前说："北朝有个叫索驭麟的人，来到京都，声称他也能够制造指南车。他到处宣扬，现在已经无人不晓了。"

"你惊慌什么？世上能人背后有能人，也许他比我制造的指南车更好呢！"

管家说："奴才说的不是这个意思，我是说那个北朝来的人被萧大人叫去问话了。"

这时，祖暅走了进来，听了管家的话，感到十分奇怪，便说："世上真有这么巧合的事情吗？南朝有人制造指南车，北朝也有人能制造指南车吗？"

果然，过了一段时间，索驭麟的指南车制造出来了。萧道成便让索驭麟的指南车与祖冲之的指南车进行比赛。

只见在两辆指南车的后面，御林军跟随着向教军场外走去。不一会儿，整个赛场都沸腾起来。草原在欢呼，森林在欢呼，就连群山也在欢呼！

指南车消失在远方的尘幕之后，人们掂着脚跟，巴望着它们重新在远方的尘幕中出现。等啊，等啊，人们被焦急期待的心情折磨着。后来，人们都拥进了教军场，自动地排成两排，两排之间又留着一条几十丈宽的空场，以便让驶来的指南车畅通无阻。

"噢！他们回来了！"

不知是谁第一个发现了远处的人影。霎时间，整个教军场又重新沸腾起来！有小孩子骑在大人的脖子上，还有些人向指南车驶来的方向奔去。

"来了！来了！"人们不停地狂呼着。

远方扬起了弥天的灰尘,同时隐约传来御林军的呼喊声。比赛到了最后一段路程。只见祖冲之的那辆指南车运转自如,不管朝哪个方向转,小木人始终指向南方,没有出现一点儿毛病。而索驭麟的那辆指南车则丑态百出,一上路就不好使了,结果证明:索驭麟的指南车远远不如祖冲之的。

看热闹的大臣们全都佩服得五体投地,他们全都向祖冲之拱手祝贺。祖冲之谦逊地一一还礼说:"区区小技,何足挂齿啊!"

回家的路上,祖冲之的孙子祖皓依偎在祖父的怀里,抚摸着祖父的胡子问:"祖父,您做的指南车为什么会转弯呢?"

祖冲之看着小孙子那天真的小脸说:"祖父做的指南车是用齿轮指挥那个小木人转动的。"

"什么是齿轮呀?"

"就像你的牙齿一样,能够互相咬啮住,彼此牵动。"

管家在一旁问道:"大人,您用什么办法把那个小木人管得那么规矩呢?"

祖冲之笑了笑说:"那小木人可不听什么规矩。那是我在车厢的中央安装一个大平铜轮,在上面竖一个长轴,轴上有一木人;左右各装一个小平铜轮。外侧各装一个铜齿轮,它们能够跟随左右的行走轮而转动。"

"车行前先将木人的手指向正南方。当马拉动车子向前行进的时候,如果我们向左转弯,右边的行走轮就会带动立轮、牵动小平轮,小平轮又牵动大平轮向相反的方向转动,所以木人的手就依然指向正南方。同样的道理,如果我们将车子向右转时,大平轮也相应地作反方向转动,木人依旧是指向南方的。"

管家赞叹地说:"这么复杂,谁能够想到呢?大人,您可真是个活神仙呀!"

大家听后,都笑了起来。祖冲之摇着头说:"世界上根本就没有什么神仙,人就是神仙!只要肯动脑筋,就没有什么是做不到的。"

众多发明创造

祖冲之发明的另一个交通工具是木牛流马。说到木牛流马,还有一个故事。

有一天,祖冲之外出巡视,路上遇到几个农民一边抬着一个老人一边哭泣。祖冲之十分好奇,便问道:"出了什么事情呢?"

一个青年男子说:"我们的伯父去世了。"

"他生了什么病呢?""没有生病,是累死的。"

"怎么会这样呢?"

"大人有所不知,伯父家没有男丁,重的体力活都由他一个人干。这次因为急着要交租,因为没有运输工具,伯父只好自己不断地扛粮食。他年纪太大了,这么重的粮食怎么能扛得住呢。还没有扛几个来回,他就累得倒在地上了,等到我们发现的时候已经晚了。"

祖冲之得知这种情况之后,他非常悲痛。因而感叹道:"老百姓的生活真是太艰难了。百姓如果要是有一种简易的运输工具,这样的悲剧就不会发生了。"于是祖冲之下定决心要帮助农民制造一个省力的运输工具。

通过阅读古书,祖冲之了解到,三国时期,蜀汉政治家和军事家诸葛亮为解决四川盆地的运输困难,曾经设计过一种叫木牛流马的工具。可是,到了祖冲之那个年代,这个工具原物谁都没有见过,连与它相关的一些资料也很难找到。祖冲之看了《三国志》上一些简单的介绍,心有所动。尽管已经年过五十,但是他对发明的兴趣依旧不减当年。他根据自己的推断,认为木牛流马是一种既不用风力,也不用借助水力,就能运转并且十分省人力的一种运输工具。

根据诸葛亮发明这种工具时所处的环境,祖冲之还考虑到,这个工具一定是用来走山路的。山路比较窄,车身也一定不会太大,轱辘也不能太多。根据这些判断,祖冲之开始了制造木牛流马的艰辛劳动。经过复杂地计算、画图,还有反反复复地试验,一辆木牛流马终于制造出来了。它实际上接近于我们现在山区里仍然使用的双辕独轮手推车。

有了这种工具，农产品就源源不断地可以从山里运输到外面去。这项发明用现在的眼光看似乎微不足道，但是在当时是一项十分了不起的发明。

改革漏壶是祖冲之的又一项科技成果。祖冲之在青年时期研究天文，他观测用的计时仪器就是漏壶。漏壶是利用滴水多少来计量时间的一种仪器。这个仪器上面是一个装满水的底部有小孔的圆筒，圆孔上接着一个非常细的管子，在它的下面是一个水容器，用来接上面筒里滴出的水。

这个容器里放一支比较轻的标杆，叫作箭，当容器里有水时，这个箭就能竖起来，浮在水里。箭上标有刻度，古代把白天和夜晚一整天的时间分为一百刻，浮箭上也相应地刻有一百个记号。这样，随着容器里的水位不断变化，人们就可以根据箭上的刻度来断定当时的时间了。后来，祖冲之在观测天象的过程中，发现这个测量时间的仪器并不准确，测量出的时间和真实的时间总是有些误差，给他的观测和人们日常生活带来许多的麻烦。于是，他决定对漏壶进行改革。

通过细致的观察，祖冲之了解到漏壶不精确的原因在于刻度和时辰不协调。古人把浮箭上的一百刻分为12个时辰，由于一百刻不能被12整除，所以刻度与时辰不能够很好地配合起来。于是祖冲之就在浮箭上面做了一些改进。

祖冲之把一百刻分为三个特殊段，每段本身的时间长短不一样,但段与段之间相隔的时间却是相等的,这样浮箭上刻度的划分就比以前更加精确了。改进以后,祖冲之经过测试发现刻度与时辰比以前配合会更好一些。掌握了更加准确的时间,人们生产生活就会比以前方便许多。诸多的发明和创造,已经让祖冲之名满天下,再加上"世族门阀"的出身,祖冲之一时成了许多人竞相邀请以此来往脸上贴金的人物。

公元 483 年,萧赜当上了皇帝,史称齐武帝。齐武帝的第二个儿子竟陵王萧子良是个爱交朋友的人,特别是对那些才学出众的人,更是把他们当贵宾来看待。

萧子良有收集古玩的爱好。有一次,他从一本名叫《孔子家语》的书中了解到,春秋时代,孔子曾经在周庙里看见过一个陶制的壶。这个壶十分奇妙,它底尖而口小,中间有一个大肚子,肚子两边有两个小耳朵。

如果把壶里装上水,再把两个耳朵挂上麻绳挂起来,根据壶里水的多少,陶壶会呈现出不同的状态。如果没有水的时候,它会出现倾斜的形状;当有一半水时,它就会站立起来。如果水太满了,它又会倾斜到另一边去。萧子良对这个陶壶十分感兴趣,但是他知道,由于书中记载的内容与当时相隔时间太久,想要得到这个东西不是很容易,就算找点介绍这个壶的技术资料也是不可能的。

萧子良还听说,东晋时期,那个发明过连机碓的杜预,尽管在机械发明上很有一套,但是他对这个小小的陶壶也没有什么办法,他曾经亲自动手仿制了三次也没有成功,原因是他掌握不好壶的重心变化。萧子良越是找不到那个奇异的壶,就越是想要得到它。有一天,恰好祖冲之去拜访他,谈话之中,萧子良谈起那个陶壶,并说自己非常喜欢,但是怎么也得不到。尽管他没有明确说让祖冲之帮他做,但聪明的祖冲之看到他那渴望的表情,心里便明白萧子良想让他帮忙,把这个壶做好。回到家里,祖冲之便开始琢磨起来。他先找了许多跟这个壶相关的书,把这个壶的基本情况弄明白了。原来这个壶的学名叫作欹器,是古代当座右铭用的,也就是古人常常把它放在座位的右侧,用来警告自己不要自满。

知道了这个壶的用途之后,祖冲之觉得重新研制它还是很值得的,因为这个工作至少有两层意义:一是能够使祖先创造的东西得以复原;二是他可以借这个机会告诫朋友萧子良不要骄傲自满。祖冲之在研制壶的过程中,总结了前人失败的经验,他紧紧抓住制壶的关键,也就是固体力学中的重心原理。他一遍一遍地做试验,一遍一遍地改进。虽然期间他也失败过很多次,但祖冲之却毫不放弃。在他的努力下,最后一只完全跟书中描写一样的壶,终于做出来了。

有一天,竟陵王萧子良将请柬送到了祖冲之府上,原来十天之后是他的寿诞。与请柬一同送来的还有一封信,信中言辞恳切,请祖冲之务必赴宴,不必拘于俗礼,并要向他请教一些天文知识。

萧子良十分佩服祖冲之的才能,祖冲之也了解到竟陵王是个非常聪明豪爽的皇子,并且深得齐武帝的喜爱,只是从小受到的赞誉太多,不免有些骄傲自大。他这次邀请祖冲之,主要是想在众宾客面前显摆一下学问以及和祖冲之的密切关系。

但是祖冲之认为竟陵王并不是那种盛气凌人的王爷,他想:为什么不趁此机会给他一个忠告呢?

于是祖冲之决定采取迂回的办法,来点拨一下竟陵王。王府威严的大门,石狮子披红挂彩,高高的大门敞开,锦衣华服的宾客鱼贯而入,皆由管家迎进门,只有在祖冲之进门时竟陵王在二门里亲自迎接。

宴会上宾客谈天说地,竟陵王好几次引用典故都有一些小错误,但是众人却一味地颂扬。祖冲之不禁暗自皱眉。筵席中,宾客们又不断地有人献宝,祖冲之也拿出一件奇怪的物件,高声对众宾客说道:"我这儿也有一宝,要献给竟陵王。"说罢,他拿出一个木头制的似壶非壶的玩意儿来。

众人仔细一看,只见这个玩意儿上大下小,形状像无孔的漏斗,斜斜地挂在一根横梁上。众人完全看不出这是什么宝贝,都不解地望着它。

祖冲之微微一笑,将壶中的酒往"漏斗"里一倒。怪事来了,只见斜斜的"漏斗"居然慢慢地立了起来!等到"漏斗"慢慢地注满了酒,它却一下子倾覆,把酒倒得一干二净,然后又恢复到先前倾斜的样子了。众人一片哗然。

主座上的竟陵王朗声说道："这个叫欹器，是孔子发明的。他曾经……"只见祖冲之朝他微微摇头示意，竟陵王便停下来听祖冲之说。

见祖冲之对着满座的宾客询问道："在座还有谁知道这个欹器的呢？"

座中有人应声道："难道这就是古人放在书桌上用以警示自己不可骄傲自满的欹器？是自满则倾覆的欹器吗？记得具体的制法早就已经在汉朝失传了，西晋的制造名家杜预也未曾制作出来。今天我们可真是大开眼界了！"

祖冲之微微一笑，娓娓道来："孔子的确也制造过一只欹器。据《孔子家语》记载，有一次孔子携弟子参观鲁桓公庙时，就看到了这样的欹器，于是便让弟子注水观察，果然是'中则正，满则覆'，古人可谓是时刻自警啊！天下哪有自满而不倾覆的呢！"

竟陵王听了这一番话，心中有所动，不由得面红耳赤。宴席散后，竟陵王留下祖冲之请他讲解欹器的原理。

原来，欹器的倾覆现象是利用了平衡原理，欹器不是一个均匀的容器，内壁厚薄不一致，所以会导致倾斜，找准重心就能达到一个相对平衡的状态。

在欹器空着的时候，特殊的构造，使其重心偏高，从而使其处于不稳定的状态，所以会发生倾斜。随着水慢慢注入，

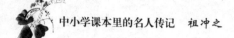

水的重量又让欹器的重心慢慢发生偏移,于是就发生了渐渐立起来的过程。

等到水不多不少的时候,重心便到了相对稳定平衡的状态,欹器便立了起来。如果继续注水,就又打破了平衡状态,重心重新开始升高,到达满水的时候重心最高,倾斜的角度也最大,水便倒了出来。水从空到满的过程,也就是一个重心不断偏移的过程。

竟陵王恍然大悟,联想到自满则覆的道理,说道:"我明白了,这个欹器形状独特,'虚则欹,中则正,满则覆'。古人将它作为警器放在书桌上,就是要告诉我们,做学问和欹器注水其实是一个道理。"

"腹中空空就好比没有注水的欹器,整体都是倾斜的。如果你读了很多书开始自满起来,就如同这水注满一样,都是会倾覆的。这说的其实就是一个态度,腹中空空我们就得学习,腹中有货也不能自满。"

祖冲之点头微笑,巧妙的暗示既让竟陵王意识到了自满的错误,又顾及了他皇家的尊严。有一句话叫"忠言逆耳",其实,忠言也可以"顺耳"。

如今,这种倾覆式容器的原理,已经广泛运用到日常生活中,例如气象观测用到的观测雨量的计量容器等。

坚持无神论

有一天,萧子良正在和他的哥哥文惠太子萧长懋在一起谈话,他们一起召见了祖冲之。萧子良兄弟俩那天都曾经见过祖冲之制作的欹器十分灵活,和古书所记载的完全一样,他们都很高兴。

这天,文惠太子见到祖冲之说:"之前我见过你的水碓磨,而今又看到你的欹器,觉得你是个很有才能的人。我想给你做更大的官,或者赏你珠宝。你希望得到什么呢?自己说吧。"

祖冲之听到这些话,觉得很不是滋味。于是他立刻想起多年来的一个愿望,就对文惠太子说:"太子啊,我已经60多岁了,什么升官发财,都已经不需要了。我曾经在宋朝大明年间,看到当时的历法与天象和气候不相符合,也曾提出过修改历法的建议,被称为《大明历》,当时宋孝武帝就决定采用了,可惜他忽然离世,以致拖延没有施行。如今事隔30年,旧历法的错误越来越明显,我希望太子能够奏明皇帝,下令采用《大明历》,那我就感激不尽了。"

文惠太子说:"这容易,我找机会向父皇提出。"

萧子良常常在王府里大摆宴席,邀请贵族、官僚和一些著名人士参加。为了表示对祖冲之制造欹器的奖赏,有一次,萧子良也邀请了祖冲之前来参加宴会。

这次宴会上还有一些和尚参加,他们吃的是素食,但是一个瓜却能变出几十种式样,一种蔬菜能做出几十种味道,桌面上的菜非常丰盛,并不是一般老百姓能吃得起的。

宴会过后,萧子良请客人围坐,听他宣讲佛经。他说:"一个人忠君孝亲,拜佛念经,死后就能够投生到一个富贵人家,下一世享福。若是偷盗抢劫,犯上作乱,非但死后要在地狱受苦刑,下一世还会投生到贫苦人家,冻饿受苦一辈子。这就叫前世种因,后世结果。所以我们为了下一世幸福,这一世就要诚心拜佛,不能做坏事啊!"

萧子良说完后,就由一个和尚讲故事,讲的是某人前生信佛,今生在某处发财享福,就是用来证明"因果报应"的灵验。

忽然座席间有人发出笑声,祖冲之一看,那是个青年官员,名叫范缜。范缜站起来,大声说道:"你们说的这些我都不懂!人有身体,就有精神,身体死了,精神当然跟着消灭。怎么死了的人,还会有什么'下一世'呢?"

萧子良听到范缜的批驳,大吃一惊。他眼睛瞪得圆圆的,指着厅上的佛像,气冲冲地说:"范缜,你竟然敢在佛像前说胡话,还不跪下悔罪!你说说看,如果不是前世种因,为什么有的人生来富贵,而有的人生来却贫贱呢?"

很多贵族、官僚以及和尚闹哄哄地责骂范缜,有的说他死后要入地狱,有的却说他对不起死去的祖宗。

萧子良敲着桌子大声说道:"大家安静点儿!范缜,你说话呀!"

范缜再一次站起来,冷笑着,不慌不忙地说道:"一树好花被风吹落,有的花飞入房间,落在茵褥之上,有的花却飞出篱笆,落在了粪坑里。花的遭遇不同,难道这也是前世的因,后世的果吗?人也是这样,你王爷好比花落茵褥,我们一般人好比花落粪坑,富贵虽然悬殊,但这也不是前世造成的啊!"

这场辩论,就在一阵喧闹中结束了。

第二天,萧子良又让祖冲之到自己王府。他说:"范缜胡说八道,把我气昏了。我不愿用自己的权力抓他定罪,但是一定要驳倒他的邪说。我已经叫许多人写文章驳他了。你是很有学问的,也为之写一篇文章吧。"

祖冲之惊讶地说:"我?我在王爷前面不说谎,我是不相信鬼神的人。我觉得范缜的话没有什么差错呀。"

"你写的一些文章不是也讲了很多鬼神吗?"

"那是神话,并不是真事。再说那里也没有什么'前世修行后世享福'的故事。"

萧子良很是生气。他板着脸说:"你也不听我的话?上次太子还说要奏明皇上采用你的《大明历》呢,想不到你也欺神灭佛,和范缜成了一伙!"

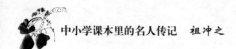

祖冲之挺着胸膛，严肃地回答道："我希望采用《大明历》，但我不能因此就跟着别人驳斥范缜。"

"那你回去吧。"萧子良说着，气冲冲地进了内室。祖冲之冷笑了一声，昂头走出了王府。

至于采用《大明历》的事，就像石沉大海一样，再也得不到什么消息。

建议巩固边疆

公元493年，齐武帝萧赜去世，萧鸾继位，叫齐明帝。他上台以后，为了树立自己绝对的权威，又进行了一场大屠杀。在他当政的公元494到498年间，由于内乱不断，再加上边境的战争，国家已到了衰败的边缘。

祖冲之所经历的宋朝和齐朝，统治范围都在南方，也就是长江流域及其以南的地区。那时的北方被入侵的鲜卑族贵族所统治，他们在黄河流域建立了魏国，史称北魏。

这时候北方的魏国却比较强盛。公元494年，魏孝文帝把国都从山西大同迁到河南洛阳，进行了一些政治改革，并积极准备进攻南方的齐国。

在这种危难的形势下，朝廷中无人可用。平时一个个趾高气扬的官员此时都变成了缩头乌龟，他们惶惶不可终日，看到国家就要灭亡了,他们却要利用最后的机会好好享受,完全忘记了国家危难时期应该承担的责任。

那时,新夺得皇位的齐明帝忽然派祖冲之担任"长水校尉"。这是守卫京城的禁卫军军官。祖冲之是文官,但在国家面临危难的时刻,他没有忘记自己的责任,接受了管理国内少数民族部队的重任。

南北朝期间,战乱十分频繁,祖冲之是南朝汉人,少数民族军队无论语言性格还是风俗习惯都同汉人有很大的差异,管理起来也十分困难。这时祖冲之已经快70岁了。

但是,祖冲之并没有考虑这些困难,他的想法只有一个,那就是重整山河,富国强兵。为了职责,他竭尽全力,有时忙得连回家的时间也没有。家人劝他要注意身体,他却说:"我这一把老骨头,还怕什么,要是国家灭亡了,老百姓可就要吃更大的苦啊!"除了训练军队,祖冲之还不断地写一些有关政治军事方面的论文,他上书皇帝,希望能够获得采纳。他还写了论文《安边论》,劝皇帝用这种办法来扭转南齐的衰败。可是,皇帝对此根本就不加理睬。祖冲之长叹一声,老泪沾湿了衣衫。

《安边论》说,中国应该统一,但是日前齐朝却无力收复北方,只能先巩固南方,再力图进取。现在北魏厉兵秣马,早晚要南下侵犯齐国。齐国如果不励精图治,力求富强,早晚会有亡国的危险。

　　《安边论》还指出,40多年前,魏军曾经大举南侵,淮河一带直到长江北岸,惨遭蹂躏。城毁屋烧,人民被杀,剩下的人口,又被掳掠而去。田地没有人耕种,大片荒芜。春燕归来,没有屋子可居住,只好在树上做窝。直到现在,元气还没有恢复过来。如果魏军再次南侵,在这些地区纵横驰驱,如入无人之境,这不是非常危险吗?

　　《安边论》说,想要巩固国防,必须安定边疆,建设边疆。在北部边境,要派驻大军。为保证军粮供应,应该仿照汉武帝的办法,在边疆实施屯田制,让军队一面守边,一面种田。同时也要招募农民去开垦边疆的荒地,使边疆地区繁荣富裕。这样才能够抵御北魏的进攻。

　　《安边论》提的办法切合实际,齐明帝看过之后很有触动。他找祖冲之谈话:"你的《安边论》非常有道理,我想派你巡行四方,遇到有可以使国家富强的意见,随时提出,以便施行,你做好出发的准备吧。"

　　"陛下让我巡行,提出有利于国家的建议,这是对我的信任,我非常感激。但是现在我写了《安边论》,这里面提出的意见,到底实行不实行呢?"

　　"刚才我已经说过,《安边论》很有道理。等我考虑周全了,以后会慢慢实行的。"齐明帝说。

　　祖冲之听了之后,两眼发呆,他连忙低下头来,不说话。

　　祖冲之想:《安边论》的建议并不马上实行,巡行四方提

出来的意见不都成了空话吗？

祖冲之走出了皇宫，他非常失望。他想，宋、齐两朝，自己见过的皇帝为数也不少，他们既尊崇孔子，却又拜佛，还迷信鬼神，但不肯努力改革，使国家富强。对于齐明帝，看来已经没有什么希望了。

在回家的路上，祖冲之经过许多座佛寺。佛寺里香烟缭绕，信徒们进进出出，烧香求福。他摇摇头，心想：在这样的气氛里，我又有什么办法呢？

这个社会不能让祖冲之有所作为，他也没有力量改造这个社会。他在满腔愤慨之中，辞去了长水校尉的职务。至于巡走四方的事，他也觉得索然无味，根本就不打算出发。而齐明帝似乎也早已忘记了这件事情，从此再也没有提起过。

此后，北魏连年南侵。只因北魏内部有一些矛盾，南侵的进展不是很大。而魏孝文帝恰巧又病死了。这样，南朝就侥幸苟延了下来。

晚年的生活

祖冲之的晚年，正值南齐后期，统治阶级内部矛盾十分尖锐，政治黑暗，社会动荡不安。

在这种情况下，祖冲之的研究方向发生了很大的变化。

他知道科技发明再也不能受到当朝统治者的肯定和支持,然而他却不肯虚度光阴,荒废年华,虽然这时他已经年近花甲。

当祖冲之回首往昔时,他想到了由于统治者之间明争暗斗、互相杀戮,致使战乱迭起,生产停滞,经济衰败,倒霉的当然还是老百姓。而仅仅依靠他的几项发明和创造,是无法从根本上解除百姓苦难的。

祖冲之想起了他的《大明历》,尽管很有道理但却无法得以颁行;他想起了他那较为精确的圆周率,这似乎也无法使百姓安居乐业;他还想起了亲手制造的"指南车",但这也不能使百姓填满肚皮……他还想起他的少年和青年时代,他想起了他在娄县的日子……这一切使他陷入极度的苦闷中。

原因在哪里呢?道理又在哪里呢?他引经据典,重新读了《周易》《老子》等经著作,希望能够从中找到答案。

祖冲之读过道家的《老子》和《庄子》。从《老子》中他悟出了书中用"道"来说明宇宙万物的演变:

道生一,一生二,二生三,三生万物。

祖冲之认为道是"夫莫之命而常自然"的,又有"人法地,地法天,天法道,道法自然"。这儿的"道"是指客观的自然规律。特别是对"祸兮福之所倚,福兮祸之所伏"很有体会,祖冲之从中悟出了一切事物的对立与转化。

当祖冲之重读《庄子》时，他从中了解"道"的无限以及"自本自根、无所不在"。同时他也体会到一切"无动而不变，无时而不移"。他也很理解书中的"齐物我、齐是非、齐大小、齐贵贱"以及"天地与我并生，万物与我为一"的境界。

为此他对《老子》和《庄子》做过大量的注释，这些见解多来自他的经历和实践，他也对其中一些观点进行了批判，这在当时的社会环境中是极为可贵和不易的。

除了对道家经典注释之外，祖冲之还对儒家著作《周易》《论语》等进行注释，特别对《周易》中的变易、简易、不易三重意义做了分析，对其以"阴阳作用，产生万物"的观点，用许多生动事例做了说明。当然他也对书中某些观点提出疑问。

然而这一切不会对现实产生丝毫的影响，皇宫里为争夺皇位而进行的斗争，给人民带来更加深重的灾难。祖冲之感到气愤但又不好明说。于是他又拿起笔杆，开始文学创作的生涯，希望用另一种手法表达他的思想和愿望。

在几年的时间里他写下了十卷小说，书名为《述异记》，书中虽然写的是神话传说，奇禽怪兽、灵异变化以及魑魅鬼怪的故事，然而它却是用"鬼"来喻人，抨击了当朝时弊，揭露了封建社会的黑暗以及官场罪恶。

祖冲之借鬼神志怪的虚幻故事，曲折地反映了当时社会中的矛盾与斗争，以此提供超越现实的力量，表达了他的爱

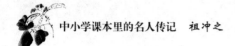

憎和对美好的向往。

《述异记》中神仙妖怪多为名不见经传的,但他们扶人危困、助人长寿、与人为善。这些也正是作者所追求和向往的。小说情节曲折,故事完整,描写生动,曾在民间广为流传。

遗憾的是,这部出自科学家之手的文学作品《述异记》不幸失传了,而仅仅在后人所编撰的一些文学作品集中能够看到其个别的篇章。例如,《太平御览》等书中就记载着一些零碎的章节。此外,鲁迅从《北堂书钞》《初学记》《艺文类聚》《太平广记》《事类赋注》《法苑珠林》《太平御览》等书中辑《述异记》遗文 90 条,收入《古小说钩沉》。

仅仅从这些散落的章回中就可以看出祖冲之的文学功底及其超凡的思想,有文学评论家曾称:

        祖冲之生于佛道盛行的时代,可是他的书中很少有轮回报应和封建迷信的观念,可见作者鲜明和进步的思想意识。

祖冲之的《述异记》在思想和艺术上取得的成就,使它成为该时期文学作品中的佼佼者,它的散佚,无疑是我国小说史上的一个重大损失。

我们仅以其中一篇为例,去窥祖冲之创作思想之一斑:

陈敏为江夏太守,许宫亭庙神一银杖,后以一铁杖,
银涂之。送杖还,庙神巫宣教曰:"陈敏之罪,不可容也。"
乃置之湖中。杖浮在水上,敏舟值风倾覆矣。

此故事是说陈敏失信于神,所以罪不可容。作者提倡的显然
是讲究信用,待人以诚的道理。

祖冲之的作品中,不少体裁可以视为当今流行的神话小说。

可悲的是,这位科学家、学者、文人,在年近七旬的暮年,
还被任命为长水校尉,被调往边塞,在那儿度过了他人生旅
途的最后几年。祖冲之于公元500年与世长辞,终年72岁。

后辈的成就

祖冲之去世后,他的儿子祖暅、孙子祖皓继承祖业,又先
后在科学上做出了惊人的成就。

祖暅从小就在父亲的影响下,对科学产生了浓厚兴趣。
从青少年时代起,他就开始在父亲身边充当助手。父亲编写
《大明历》时,他帮助观测;父亲算圆周率时,他也帮助摆算筹;
当父亲遇到难题时,他也认真地思考。

有一次,祖暅遇到一个难题,像着了魔一样,被这个问题

折磨得茶饭不思。有一天在路上,他一边走一边思考这个问题。突然,前面出现一队人马。这对人马正浩浩荡荡地迎面走来。原来这是朝廷的大官许勉带着随从回家。由于想问题想得太投入,祖暅什么也没有看见。他径直朝人群中走去,竟然一头撞在当朝大官许勉的身上,差点儿把许勉撞翻在地上。而自己还在思考问题,一点儿也不知道发生的事情,照样往前走。许勉哭笑不得,没想到一个小孩竟然敢冲撞他的车队。于是,他让手下拦住了祖暅。祖暅这时才回到现实当中。

许勉问:"你是谁家孩子,怎么这样无礼呢?"

祖暅不知道发生了什么事,经过路人提醒,他才知道自己冲撞了许勉。于是,他赶忙给许勉道歉,并不好意思地说自己在思考问题。

许勉听说他是祖冲之的儿子,连连笑着说:"怪不得,怪不得。"他原谅了祖暅,并告诫他以后走路要当心。

这件事就这样传了出去。人们听说了这件事之后,虽然拿这事儿来说笑,但也非常佩服他勤于思考的精神。

祖冲之去世之后,祖暅工作更加努力了。他重新检验父亲的《大明历》,还为实施《大明历》到处奔波。他上书皇上,向老百姓宣传实施大明历的好处,终于,在遭受了48年的压制之后,《大明历》颁布实施了。公元502年,为了确定北极星的具体位置,祖暅不怕艰难,在嵩山建立起了一座天文观测站。当时没有可以利用的仪器,祖暅只得自制仪器。

祖暅在山上竖立了一根八尺高的铜棍,铜棍的底部与一个带槽的石器相连,槽里放满清水。当太阳出来的时候,阳光照在铜棍上,不同的时间,地面上就相应出现了长短不一的影子。祖暅先根据影子的不同,在白天测定自己准确的方位;夜晚,当天空晴朗时,再从自己的方位上观测北极星的准确位置。从此以后,不论是在酷热的夏天,还是寒冷的冬季,又高又陡的嵩山上留下了祖暅一个又一个坚实的脚印。冬天的夜里,呼啸的北风寒冷刺骨,黑黑的大山上空无一人,为了得到准确的数字,祖暅依旧坚持上山。经过长期的观测,祖暅最后得出结论,北极星与北极相差"一度有余"。这个结论从此改变了古人北极星就在北极的错误观点。

在数学方面,同父亲相比,祖暅也毫不逊色,他最突出的成就是发明了"祖暅定理"。这个定理的内容,用祖暅自己的解释是:"幂势既同,则积不容异。"意思就是:

　　　　两个高相等的立体,如果在任意等高处的截面上
　　的面积相等,它们的体积也就相等。

祖暅定理的得来,十分不易。在祖暅之前,三国时期的数学家刘徽花费了大量心血研究过这个问题,但是,他绞尽脑汁,也毫无办法。最后,他只好叹息地说:"还是留给后人

去做吧！"

祖冲之在世时，也进行过这方面的尝试，但最后还是没有得出结果。到了祖暅的时代，他决心要解决这一难题。做出决定之后，他开始观察、测量和计算，一天又一天过去了，他总是得不到正确的结论。

这时，祖暅觉得肯定是研究的方向出了问题。在阅读刘徽的著作时，他发现了刘徽舍弃不用的一些线索。"可不可以从这个角度出发呢？"带着试试看的疑问，祖暅从新的角度研究问题，让他惊喜的是，很快就找到了既简捷又最准确的定理。

"祖暅定理"在世界数学史上一直保持了 1000 多年冠军的地位。直到 17 世纪，才有意大利人得出了同样的结果。作为祖冲之的儿子，祖暅也有着父亲那样毫不满足、永远创新的态度，他希望自己不要停留在前人的水平上，要不断地进取。"祖暅定理"发明后，他又以自己的实践经验为基础，补充了父亲《缀术》中的不足。

公元 514 年，梁武帝萧衍掌权时，北魏军队多次侵犯南朝，南方政权到了即将灭亡的边缘。为了阻挡北魏军队的进攻，梁武帝下令在淮河上修筑了一个浮山堰，企图用大水淹没被北魏侵占的寿阳城。因为了解祖暅的祖先懂建筑，梁武帝便选中了祖暅去当浮山堰工程的负责人。接到这个命令之后，祖暅首先认真地进行了一番实地考察。在勘察地形时，祖暅发现，淮河里的沙土稀松，如果强行筑堰，一遇到大水，浮山堰就会倒塌。

根据这一勘察结果，祖暅建议梁武帝放弃筑堰的念头。但是，梁武帝因为北朝的侵犯正在生气，恨不得立刻就把北魏的士兵都淹死，根本听不进祖暅的意见。梁武帝告诉祖暅，不论付出多大的代价，也得想办法筑起这个浮山堰。为了达到这个目的，梁武帝征调了沿线20多万士兵和民工，命令他们把成千上万斤铁器投入河底，还派人用木头钉成方框，中间填上大石头，再堆上许多土，这样浮山堰总算是建起来了。

浮山堰筑成以后，大水把寿阳城里的魏军淹掉了。可是不到半年，天空连降暴雨，洪水泛滥，百姓费了九牛二虎之力修成的浮山堰，片刻之间就被冲垮了。失去控制的大水像出笼的野兽一般，到处作孽，短短几天之内，吞没了沿线的城镇、村庄，夺去了十多万人的生命。

面对这样一场悲惨的大灾难，朝廷里的官员们没有一点儿办法，百姓们只有埋怨朝廷。如果追究责任的话，罪魁祸首就是梁武帝。可是，在封建专制制度下，皇帝具有至高无上的权威，谁敢指责皇帝的错误呢？于是，这项罪名便强加给祖暅了。祖暅从一个受人尊敬的官员，变成了一个囚犯。

铁牢的生活，让祖暅苍老了许多。出狱后，他投奔梁武帝的儿子萧综。他本想能够在萧综的手下继续自己的研究，可没想到,公元 525 年,萧综投降了北魏,祖暅再次沦为阶下囚。一系列打击几乎完全摧毁了祖暅。夜里,他经常睡不着觉,他想到父亲,想到自己为国家忠心耿耿做出的贡献,想到遭遇的不幸,心中对社会的不公充满了怨恨。

在被囚禁的日子里,祖暅为了排解心中的烦闷,他找来大量的史书,在阅读中,他看到了许多百折不挠的硬汉子:多次遭到诬害,依旧忠贞爱国的屈原;失去双膑,仍然百战百胜的孙膑;被处以宫刑,仍旧著《史记》的司马迁……

这些英雄豪杰,哪个人的道路也不是一帆风顺的。看到这些,祖暅的精神便振奋起来了。他发愤著书,写了目录学方面的著作《术数》,度量衡方面的著作《权衡记》,还有一本《欹器漏刻铭》。祖暅去世后,留下儿子祖皓。祖皓既精通天文学和数学,又有一身武艺,是个文武全才的俊杰。

梁朝末年,祖皓做了广陵郡太守。当时有一个北朝投降过来的军官叫侯景,他起兵攻破了南朝的首都建康。在危急之中,祖皓不顾一切带兵反击,但因为人数太少,最后还是被侯景打败了。祖皓兵败之后,在逃往长江以西的路途中被捕,最后被处以车裂之刑。

一个为国家科技发展做出重大贡献的科学世家,就这样成了战争的牺牲品。